全国职业院校智能网联汽车新形态工作手册式教材
全国技工院校智能网联汽车工学一体化教材

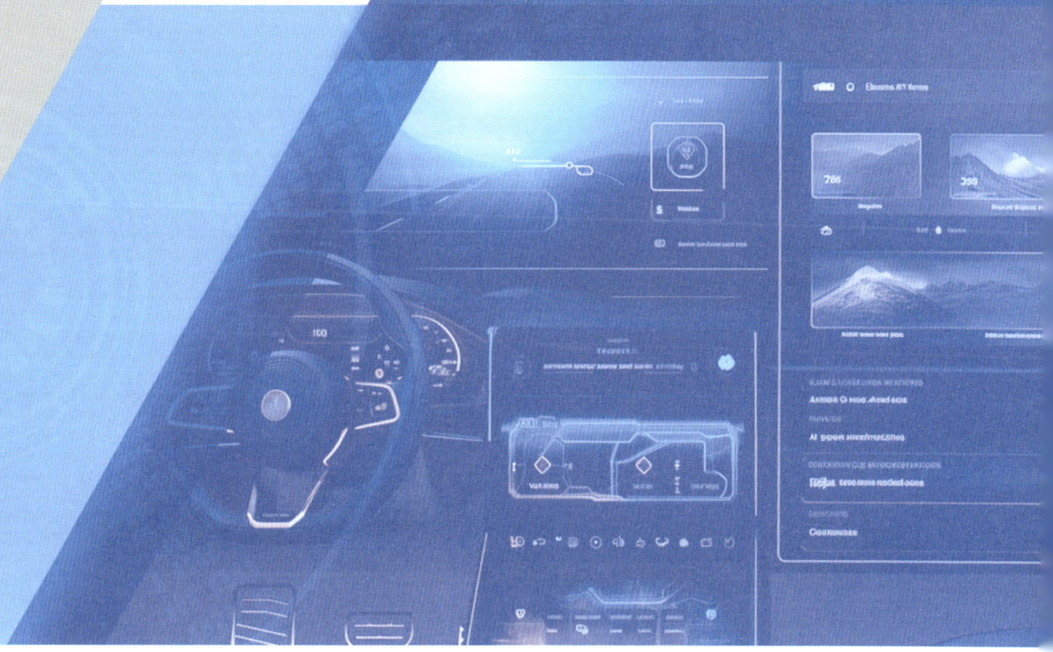

车路协同系统装调与测试

中德诺浩汽车职业教育研究院　组织编写

主　编　王　勇　吕丕华
副主编　逄吉玲　孙凤霞　范光法
参　编　张　帅　史蕾蕾　卢立倩
　　　　王德猛　刘剑飞

中国劳动社会保障出版社

内容简介

本书以新一代汽车企业岗位（群）任职要求、职业标准、典型工作任务为主体内容，以“教、学、做”合一的形式编写而成，具有工作手册和教材的共同特征。全书共有 2 个情境、10 个任务，内容主要包括装调工作方案制定、网联通信方案确认、C-V2X 车载单元（OBU）安装、C-V2X 路侧单元（RSU）安装、智慧路杆部署、智慧路杆传感器装调、云控平台测试与边缘计算系统部署、高精度地图生产、ETC 系统装调与测试、绿波车速引导系统测试与设置等。

本书可作为职业院校与技工院校智能网联汽车相关专业教学用书，也可作为汽车企业相关技术人员与社会人士培训参考用书。

图书在版编目（CIP）数据

车路协同系统装调与测试 / 王勇，吕丕华主编 . -- 北京：中国劳动社会保障出版社，2024
全国职业院校智能网联汽车新形态工作手册式教材　全国技工院校智能网联汽车工学一体化教材
ISBN 978-7-5167-6426-8

Ⅰ. ①车…　Ⅱ. ①王…②吕…　Ⅲ. ①汽车 – 智能通信网 – 关系 – 交通运输管理 – 智能系统 – 设备安装 – 职业教育 – 教材②汽车 – 智能通信网 – 关系 – 交通运输管理 – 智能系统 – 调试方法 – 职业教育 – 教材　Ⅳ. ①U463.67 ②U495

中国国家版本馆 CIP 数据核字（2024）第 091720 号

中国劳动社会保障出版社出版发行
（北京市惠新东街 1 号　邮政编码：100029）
*
三河市华骏印务包装有限公司印刷装订　　新华书店经销

880 毫米 ×1230 毫米　16 开本　8.25 印张　176 千字
2024 年 5 月第 1 版　　2024 年 5 月第 1 次印刷
定价：30.00 元

营销中心电话：400-606-6496
出版社网址：http://www.class.com.cn
http://jg.class.com.cn

Contents 目录

前言

近年来，我国汽车产销总量连续位居全球第一，汽车产业已发展成为我国国民经济重要的战略性、支柱性产业。伴随新一轮科技革命和产业变革，智能网联汽车已成为全球汽车产业发展的战略方向。

党的二十大报告指出，“坚持把发展经济的着力点放在实体经济上，推进新型工业化，加快建设制造强国、质量强国、航天强国、交通强国、网络强国、数字中国”。国家发展和改革委员会等部门印发的《智能汽车创新发展战略》提出，“发展智能汽车，有利于提升产业基础能力，突破关键技术瓶颈，增强新一轮科技革命和产业变革引领能力，培育产业发展新优势”，具有重要的战略意义。与之呼应，汽车产业对于高素质技术技能型人才的需求越来越紧迫。

根据中共中央办公厅、国务院办公厅印发的《关于加强新时代高技能人才队伍建设的意见》，为贯彻落实全国职业教育大会精神，为我国汽车产业提供有力的人才和技能支撑，编者团队以岗位职业技能为核心，以优化课程结构、加强实践教学、突出能力培养和提高教材质量为突破口，编写了这套职业院校智能网联汽车新形态工作手册式教材。

本套教材融入企业新知识、新技术、新工艺、新方法，根据汽车产业链典型岗位工作标准，将智能网联汽车理论知识与实践应用有机结合，综合培养学生的专业知识、技术技能、职业道德等职业综合素质和行动能力，具有以下特点：

（1）产教融合，内容前瞻。集合职业院校与龙头企业等多方力量，依据职业教育国家专业教学标准，按照生产实际和岗位需求，将新技术、新工艺、新规范、典型生产案例纳入教材内容，对接职业标准和岗位（群）能力要求。

（2）理实结合，工学一体。以真实生产项目、典型工作任务等为载体，把握学生认知规律，体现先进职业教育理念，将工作过程和学习过程融为一体，培养学生的综合职业能力。

（3）模式先进，编排合理。采取行动导向教学模式，按照结构化、模块化、系统化的要求精心编排教材内容，满足项目学习、案例学习、模块化学习等不同学习方式的需求。

（4）形态创新，数字引领。采用工作手册式教材形式，图、文、表并茂，“岗课赛证”融通，配套数字资源形式多样、信息技术应用充分，附有专属二维码便于使用者浏览和学习，有效激发学生的学习兴趣和创新潜能。

（5）课程思政，导向明确。内容编写坚持正确的政治方向和价值导向，落实课程思政要求，弘扬劳动光荣、技能宝贵、创造伟大的时代风尚，培育劳模精神、劳动精神和工匠精神。

（6）彩色印刷，制作精良。全书采用彩色印刷，版面清晰，主题明确，满足理论及实训等多种教学场景。

本套教材可作为职业院校智能网联汽车相关专业核心教材，也可作为其他汽车类专业的专业课教材和拓展课教材使用，同时还可供从事汽车研究、设计、制造、使用和维修的工程技术人员学习和参考。

智能网联汽车技术是传统汽车技术与信息技术、人工智能、通信技术、传感器技术等新技术的深度融合，整个行业还在不断地创新探索技术和服务的内容、模式，加之编写团队水平有限，使本书在一些具体问题的处理上难免有不尽如人意之处，敬请广大读者批评指正！

《车路协同系统装调与测试》由重庆电子工程职业学院王勇、中德诺浩（北京）教育科技股份有限公司吕丕华任主编，山东劳动职业技术学院逄吉玲、黑龙江农业工程职业学院孙凤霞、重庆机电职业技术大学范光法任副主编，山东劳动职业技术学院张帅、史蕾蕾、卢立倩，山东技师学院王德猛，黑龙江农业工程职业学院刘剑飞参与编写。

此外，本教材在编写过程中还得到了相关行业、企业，以及职业院校产、学、研各方面的专家和技术骨干的参与和支持，在此致以诚挚的谢意。

编　者

情境一
车路协同系统安装与调试

情境介绍

随着智能网联汽车与无线通信技术的发展，从提高交通效率、安全性到支持自动驾驶，车路协同系统正逐步应用在人们日常出行的方方面面。同时，发展车路协同系统是实现交通现代化、智能化的关键途径，对提高交通系统的整体能力和促进社会经济发展具有重要意义。

本情境包含装调工作方案制定、网联通信方案确认、C-V2X车载单元（OBU）安装、C-V2X路侧单元（RSU）安装、智慧路杆部署、智慧路杆传感器装调、云控平台测试与边缘计算系统部署、高精度地图生产八个任务，包括车路协同系统应用场景确认、车路协同通信系统部署方式确认、OBU与RSU安装部署、智慧路杆部署、云控平台测试、高精度地图数据处理与制作等内容。

情境目标

▸ 能根据车路协同系统技术手册，规范完成装调工作方案制定和网联通信方案确认。

▸ 能根据车路协同系统技术手册，规范完成车载单元与路侧单元安装。

▸ 能根据车路协同系统技术手册，规范完成智慧路杆部署与传感器装调。

▸ 能根据车路协同系统与云控平台技术手册，与他人合作规范完成云控平台测试与边缘计算系统部署。

▸ 能根据高精度地图制作手册，与他人合作规范完成高精度地图生产。

任务一
装调工作方案制定

任务导入

场景：某国产自主品牌汽车试制车间。

人物：装调技师宋师傅、实习技师小张。

情境：随着数字技术与汽车产业的深度融合，某国产自主品牌车企联合行业企业打造智能的车和聪明的路，为用户提供智能出行服务和体验。新一轮车路协同系统试制装调工作启动，实习技师小张被分到了装调技师宋师傅的组里，面对全新的任务小张还没什么头绪，宋师傅建议小张先从了解车路协同系统能够干什么开始对工作知识与技能进行理解和掌握。现在请你随小张开始学习吧。

任务目标

▸ 能根据车辆装调技术手册与车路协同系统技术手册，熟练应用场景信息查询方法，完成对装调工作对象应用场景的确认和信息查询。

▸ 能根据车辆装调技术手册与车路协同系统技术手册，正确认知车路协同系统的基本组成，并与他人协作编写车路协同系统的装调工作方案与零部件领取单。

任务实施

一、工作任务确认

1. 知识学习

（1）车路协同系统的定义

车路协同系统基于无线通信、传感探测等技术获取车辆和道路信息，通过车车、车路通信实现信息

交互和共享，从而实现车辆和路侧设施之间的智能协同与配合，达到优化利用道路资源、提高道路交通安全性、缓解交通拥堵的目标。车路协同系统所应用的关键技术包括车用无线通信技术、路侧全域感知技术、高精度时空服务技术、分级云控技术和网络安全技术等。

车路协同系统是智能交通系统（intelligent transportation system，ITS）的重要子系统，其应用场景示意图如图 1-1 所示。

图 1-1　车路协同系统的应用场景示意图

（2）V2X 的定义与分类

车路协同系统实现的技术基础是车联网的成熟应用。车联网（internet of vehicles，IOV）又称车际网（vehicular networks），是通过无线网络按照约定的通信协议和数据交互标准，在车与车、车与路、车辆与互联网（云）之间进行无线通信和信息交互，以实现智能交通管理控制、车辆智能化控制和智能动态信息服务的一体化网络。车联网是物联网（internet of things，IOT）技术在智能交通系统领域的延伸，是通过网络技术将车辆、道路、行人、交通基础设施等与交通相关的要素全部接入互联网形成的通信网络。在一些车企的技术手册中，车内网也被纳入车联网的概念中。

车联网所采用的车路协同无线通信技术一般被称为 V2X（vehicle-to-everything），其中 V 代表车辆，X 代表任何与车辆进行信息交互的对象，目前 X 主要包括车、人、交通基础设施和网络。

根据信息交互双方的属性，V2X 作为通信方式具体有车与车 V2V（vehicle-to-vehicle）、车与路 V2I（vehicle-to-infrastructure）、车与人 V2P（vehicle-to-pedestrian）、车与网络 V2N（vehicle-to-network）、车与交通事件 V2E（vehicle-to-event）五种类型，如图 1-2 所示。

V2X
- V2V（车与车）
- V2I（车与路）
- V2P（车与人）
- V2N（车与网络）
- V2E（车与交通事件）

图 1-2　V2X 的类型

（3）车路协同系统的应用场景

车路协同系统的应用场景有五类，分别为安全类、效率类、信息服务类、交通管理类和高级智能驾驶类。

根据行业对车路协同系统的分阶段普及与推广，我国车路协同系统应用被划分为两个阶段，第一阶段应用场景在技术上较为简单，易于汽车企业和交通部门施行，多数已经被大规模商业化运用。第二阶段应用场景所使用的技术更加先进和复杂，现阶段多数应用属于初期阶段，被小规模示范运用。

1）安全类

第一阶段安全类应用场景包括前向碰撞预警、交叉路口碰撞预警、左转辅助、盲区预警、变道预警、逆向超车预警、紧急制动预警、异常车辆提醒、车辆失控预警、道路危险状况提示、限速预警、闯红灯预警和弱势交通参与者碰撞预警等。第二阶段安全类应用场景包括感知数据共享、协作式变道、协作式车辆汇入、协作式交叉路口通行和弱势交通参与者安全通行等。

2）效率类

第一阶段效率类应用场景包括绿波车速引导、前方拥堵提醒和紧急车辆提醒等。第二阶段效率类应用场景包括协作式优先车辆通行和道路收费服务等。

3）信息服务类

第一阶段信息服务类应用场景包括汽车近场服务等。第二阶段信息服务类应用场景包括差分数据服务和场站路径引导服务等。

4）交通管理类

交通管理类属于新增的第二阶段应用场景，主要包括浮动车数据采集等。此外，动态车道管理在被分为效率类的同时也属于交通管理类。

5）高级智能驾驶类

高级智能驾驶类属于新增的第二阶段应用场景，该阶段的高级智能驾驶场景为协作式车辆编队管理。

（4）应用场景信息查询方法

在进行车路协同系统装调之前需明确任务所属的应用场景，并获取相关信息，以便进行装配部件领取等工作。

装调之前需要获取应用定义、预期效果、主要场景和通信方式四方面的信息。当工作任务包括调试与测试时，还需查询获取应用的基本性能要求和数据交互需求。

以左转辅助应用场景为例，其信息查询结果记录见表 1–1。

表 1–1　应用场景信息查询结果记录示例（左转辅助应用场景）

项目	内容
应用定义	左转辅助（left turn assist，LTA）是用于辅助驾驶员在交叉路口左转时避免或减轻侧向碰撞，提高交叉路口通行安全性的车路协同系统应用场景，适用于城市及郊区普通道路及公路的交叉路口

续表

项目	内容
预期效果	主车（HV）在交叉路口左转，与对向驶来的远车（RV）存在碰撞危险时，LTA 应用将对 HV 驾驶员进行预警
主要场景	 如上图所示，HV 在交叉路口左转，RV 从对面驶向路口，具体描述如下：HV 和 RV 同时从相对的方向驶向交叉路口；HV 和 RV 需具备短程无线通信能力；HV 启动并准备进入路口左转时，若系统检测到与 RV 存在碰撞危险，则 LTA 应用会对 HV 驾驶员发出预警；预警时机需确保 HV 驾驶员收到预警后，能有足够时间采取措施，避免与 RV 发生碰撞
通信方式	RV 信息可能是由 RV 发出或从路侧单元（road side unit，RSU）获取，视具体系统而定；车辆信息通过短程无线通信在 HV 和 RV 之间传递（V2V）；利用具备短程无线通信能力的路侧设施直接探测碰撞危险或 RV 信息，发送给 HV（V2I）

查询信息时可先参照《合作式智能运输系统　车用通信系统　应用层及应用数据交互标准》（T/CSAE53—2017）等标准进行初步查询，然后根据装调任务书或所属企业标准进行信息修订和完善。

（5）应用项目案例

在车路协同技术应用方面，我国在世界范围内处于领先地位，近年来全国各地如北京市、上海市等设有多个车路协同示范区、示范路。同时，以百度公司为代表的一批民族品牌高科技企业在相关领域也取得了长足进步。

1）高级别自动驾驶示范区

北京市亦庄高级别自动驾驶示范区是全球首个城市级高级别自动驾驶示范区。亦庄在开发区 60 km^2 内开展“聪明的车、智慧的路、实时的云、可靠的网和精确的图”五大体系建设，首期在 12.1 km、28 个路口进行车路协同智能化改造，支持高级别自动驾驶示范运营，打造全球领先的智能网联汽车创新链和产业链。

北京市亦庄按照“试验环境搭建 – 小规模部署 – 规模部署 – 场景拓展和优化推广”的步骤，逐步扩大建设范围，实现智能网联、智慧交管、智慧治理的有机融合，形成可推广、可复制的“智能交通运营商”新模式。图 1–3 所示为一辆使用车路协同自动驾驶技术的车辆在亦庄高级别自动驾驶示范区内行驶的场景。

图 1–3　亦庄高级别自动驾驶示范区内的车辆自动驾驶场景

2）智慧交管系统

湖南省长沙市的智慧交管系统以智能网联场景、智慧交通数据等应用为抓手，运用交通出行大数据，结合智能网联多元化的路网感知数据，精准分析市民出行规律；同时通过地图 App 提供前方路口的灯态、绿波车速、违法抓拍等数据，为市民提供精准的出行数据服务。

该系统包括 87 个智能路口，实现信号配时优化、事件感知推送，推动扁平化指挥、勤务管理优化及交通管理工作的精细化、智能化、动态化，形成“感知、研判、指挥、处置、预防”的闭环。项目运行以来，闯红灯、逆行、违停、违法变道等交通不文明驾驶行为减少了 70% 以上，交通秩序得到了显著改善，交通延误降低了 20% 以上，路口通行效率提升了 25%，交通事故减少了 35%，公众出行体验感明显变好，交通出行的安全性大幅提高。某路口在应用智慧交管系统前后的对比如图 1–4 所示。

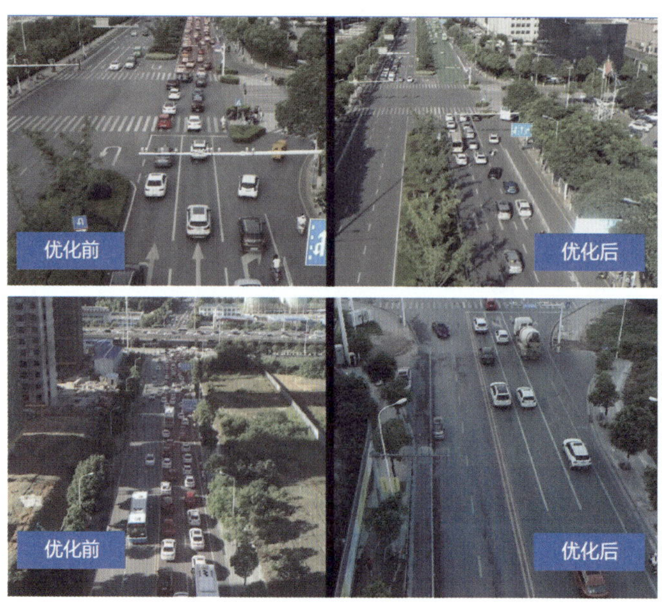

图 1–4　某路口在应用智慧交管系统前后的对比

3）智能网联重载高速公路

山西省首条智能网联重载货运车路协同高速公路经智慧化改造后，可覆盖互通、隧道、桥梁、服务区、收费站、弯道和长大纵坡等典型的高速公路场景，路段总长 15 km。根据服务对象和路段特征，项目构建包括基于车辆连续轨迹智能感知的示范路段、基于车路信息实时交互的核心示范路段以及基于路面智能感知的长下坡风险示范路段的三大示范场景，“雷视”（雷达与摄像头组合）全域全天时的感知和核心路段车路实时信息的交互有效提高了重载货车编队的运输效率，提升了高速公路服务和安全运行水平。智能网联重载高速公路车路协同设备与应用场景如图 1-5 所示。

图 1-5　智能网联重载高速公路车路协同设备与应用场景

2. 技能操作

（1）操作准备

准备技能操作所需的物料，见表 1-2。

表 1-2　物料准备

类别	所需物料
教学整车 / 实训平台	车路协同系统实训台架
仪器、设备、工具	车辆装调技术手册、车路协同系统技术手册等

（2）工作任务确认

根据车辆装调技术手册，确认计划装调的车路协同系统的应用场景，将工作过程记录在表 1-3 中。

表 1-3　工作记录表

序号	工作项目	工作内容	备注
1			
2			
3			
4			
5			
6			

情境一

续表

序号	工作项目	工作内容	备注
7			
8			
9			
10			

二、工作方案制定与零部件准备

1. 知识学习

（1）车路协同系统的综合应用场景

车路协同系统的综合应用场景如图 1-6 所示，主要由车与路、网、云、应用四个层面组成。其中，应用层面包括交通状态研判、重点车辆管控、智慧出行、自动驾驶应用、高精度地图、高精度定位等。

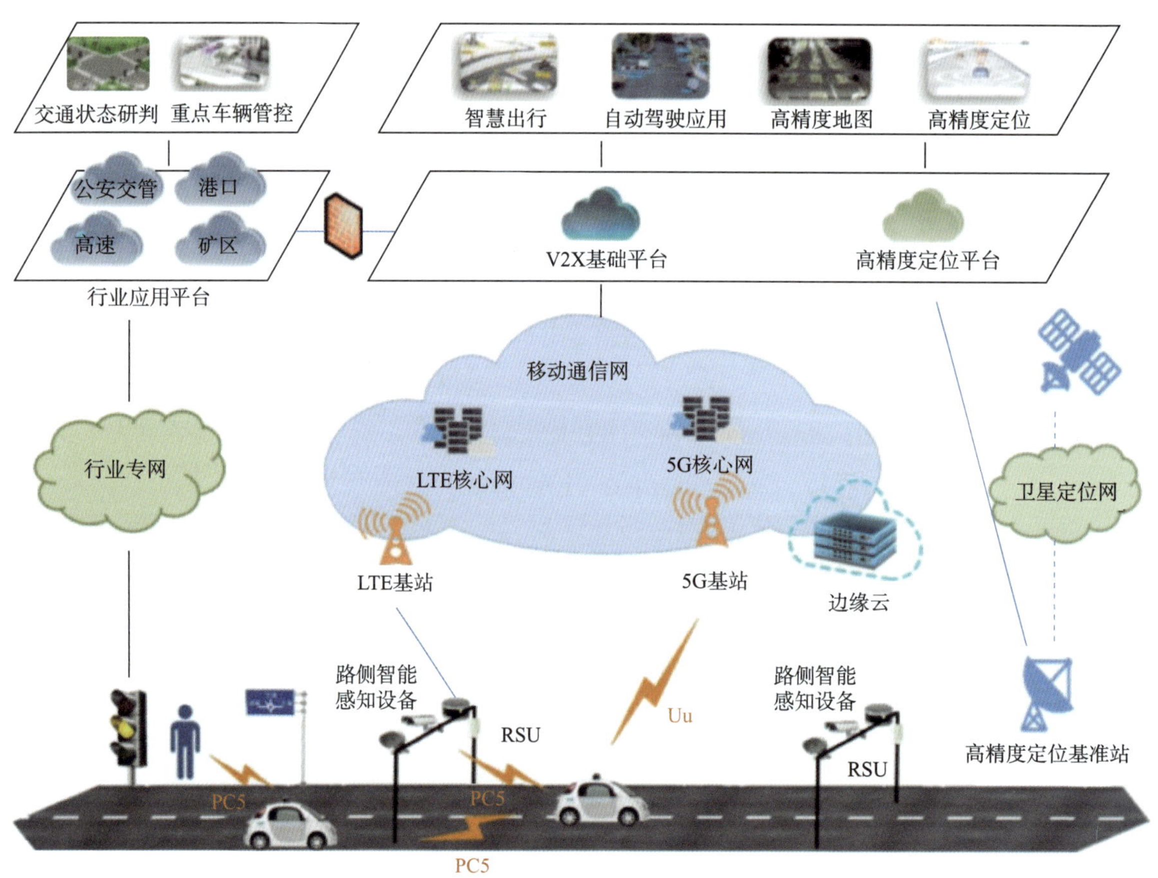

图 1-6　车路协同系统的综合应用场景

（2）车路协同系统的架构

车路协同系统是车、路、云一体化融合控制系统，其架构如图 1–7 所示，主要由智能网联汽车（或称新型架构车辆）、智能基础设施体系、信息安全管理体系和网联运营体系组成。

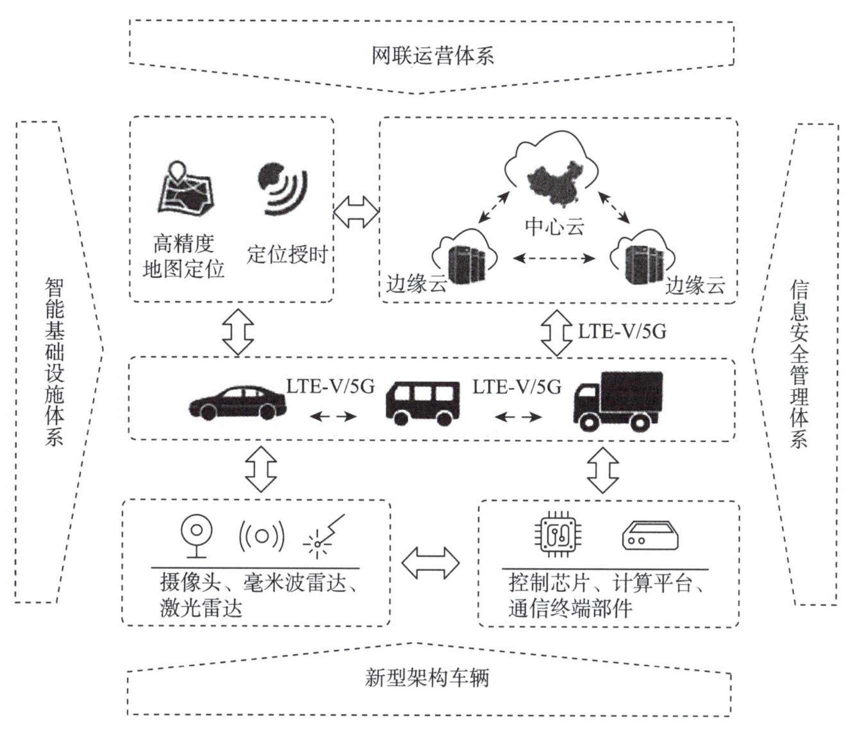

图 1–7　车路协同系统的架构

1）智能网联汽车

各类智能网联汽车如乘用车、客车、货车等，均搭载摄像头、毫米波雷达、激光雷达等传感器和控制芯片、计算平台、通信终端部件，具有环境感知、智能决策与对外通信功能。

2）智能基础设施体系

智能基础设施体系主要是以智慧道路为主体，由智慧路杆（smart pole）、计算装置和智能信号装置组成。智慧道路两侧与车道上方架设集成了摄像头、激光雷达、RSU、边缘计算系统、GPS 定位装置的智慧路杆。道路两侧设有专用计算装置，用于路面交通数据实时采集与处理。智能信号装置在传统红绿交通信号灯的基础上增加了智能管控功能，实时上传信号状态并受车路协同管控系统操控进行智能化交通信号变化调整。

3）信息安全管理体系

信息安全管理体系应对整个一体化网络面临的安全威胁，防范网络攻击、信息篡改、隐私威胁等问题。此外，信息安全管理体系还负责安全认证与不当行为检测。

4）网联运营体系

在网联运营体系的支撑下，车辆进行车车通信、车路通信，借助车联网实现高精度地图定位与定位授时。整个车路协同系统接入包括边缘云、中心云的多层次计算系统，实现安全类、效率类、信息服务类、交通管理类、高级智能驾驶类等应用场景，以及交通数据分析与优化、车辆远程监控、网约车监控、车辆共享等多样化交通运营服务。

（3）车路协同系统的组成与主要部件

车路协同系统的组成与主要部件如图 1-8 所示。

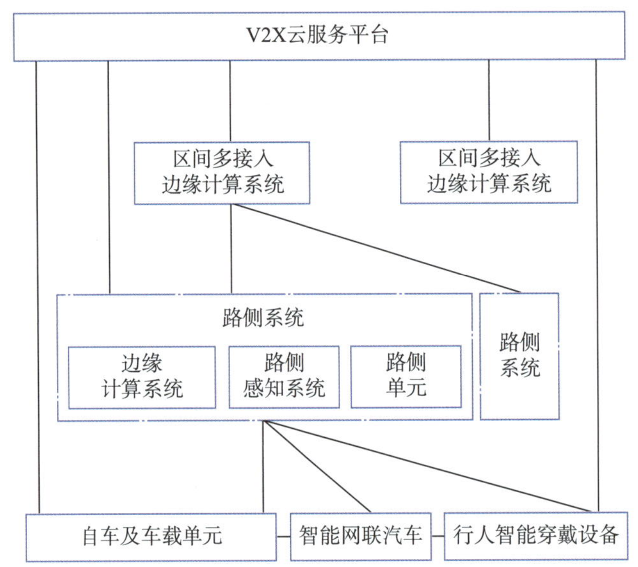

图 1-8　车路协同系统的组成与主要部件

终端主要有自车及车载单元（on board unit，OBU）、其他智能网联汽车和行人智能穿戴设备。

路侧系统主要包括路侧单元、路侧感知系统和边缘计算系统，其中路侧感知系统一般包含雷达、摄像头等环境感知传感器。路侧系统还包括智能信号装置与指示牌等交通设施。

V2X 云服务平台主要由服务器、总控系统和监控屏幕等组成，用于云端服务，实现大数据 /AI 算法智能分析、交通调度优化、高精度地图定位、车辆状态管理、车辆在线升级、信息服务等功能。

2. 技能操作

（1）操作准备

准备技能操作所需的物料，见表 1-4。

表 1-4　物料准备

类别	所需物料
教学整车 / 实训平台	车路协同系统实训台架
仪器、设备、工具	车辆装调技术手册、车路协同系统技术手册等

（2）工作方案制定

根据车辆装调技术手册与车路协同系统技术手册，制定工作方案，将工作过程记录在表 1-5 中。

表 1-5　工作记录表

序号	工作项目	工作内容	备注
1	综合应用场景		
2	智能基础设施体系所属部件		
3	信息安全管理体系所属部件		
4	网联运营体系所属部件		
5	初步的工作计划		

（3）零部件领取单制作

根据车辆装调技术手册与制定的工作方案，制作零部件领取单，将工作过程记录在表 1-6 中。

表 1-6　零部件领取单

序号	零部件名称	型号 / 零件号	数量	用途
1				
2				
3				
4				
5				
6				
7				
8				
9				
10				

检查评估

对本任务的学习情况进行检查，并将相关内容填写在表 1–7 中。

表 1–7 检查表

检查项目	检查结果	结果点评
工作任务确认		
是否能准确解释车路协同系统的定义	是□ 否□	
是否能正确说明 V2X 的分类	是□ 否□	
是否能正确介绍三种车路协同系统的典型应用场景	是□ 否□	
工作方案制定与零部件准备		
是否能完成综合应用场景描述	是□ 否□	
是否能正确介绍车路协同系统的架构	是□ 否□	
是否能完成主要零部件名称列写与用途描述	是□ 否□	
整理及恢复		
工具、设备是否整理恢复	是□ 否□	
实训工位是否打扫干净	是□ 否□	
工作页是否填写完整	是□ 否□	

任务小结

本任务小结如图 1–9 所示。

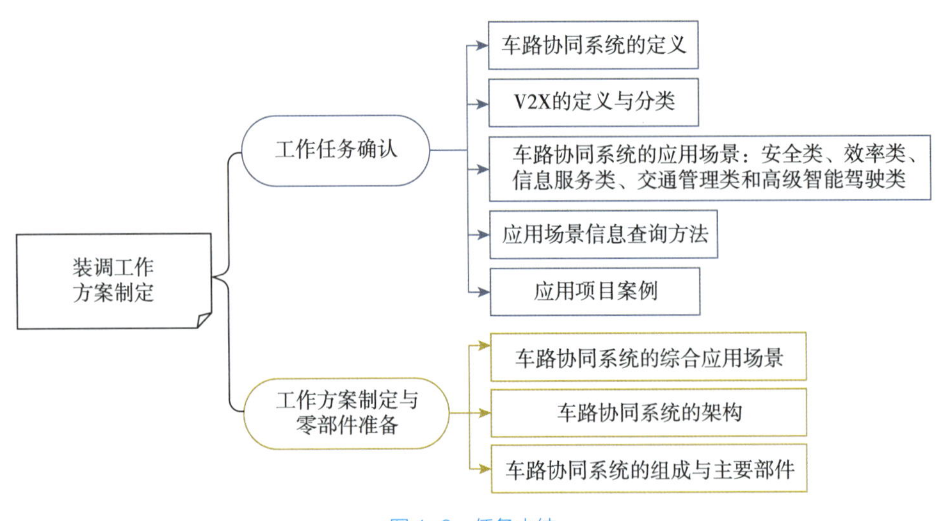

图 1–9 任务小结

任务二
网联通信方案确认

任务导入

场景：某国产自主品牌汽车试制车间。

人物：装调技师宋师傅、实习技师小张。

情境：实习技师小张在基本了解了什么是车路协同系统后，开始对一辆智能网联汽车与其他车辆、道路是怎么对话的产生了兴趣，宋师傅说："掌握各种网联通信技术的应用，是对车路协同系统进行装调与测试的关键步骤。"那么，现在请你随小张开始学习吧。

任务目标

▸能根据车路协同系统技术手册，正确认知专用短程通信（DSRC）与基于蜂窝的通信（C-V2X）两类网联通信技术。

▸能根据车路协同系统技术手册，与他人合作规范完成通信系统部署方式确认。

任务实施

一、网联通信技术认知

1. 知识学习

（1）车联网对通信技术的能力需求

车路协同的前提是交通要素间快速、准确的信息交互。车辆的实时状态信息（如工作状态、运行参数、告警信息、行驶意图）要通过车路通信网络传输到路侧，并经过脱敏、抽象等处理后传送给云控中

情境一

心。道路基础设施的信息（如电子标识牌、信号灯状态、地图）、路侧感知到的交通参与者信息、交通事件信息（如拥堵、遗撒、施工）、交通管理部门的管控指令（如限速、禁行、交通管制）也要通过车路通信网络传输到车侧，供驾驶员或自动驾驶系统进行驾驶行为决策。

此外，因为车联网的实际应用场景具有车辆高速运动、道路情况复杂、涉及人身安全等因素，所以车路协同系统对通信网络的能力具有以下五方面的要求：大的数据吞吐量、更低的时延、更高的安全性、支持海量连接、直连通信。

目前，世界范围内的车联网主要有专用短程通信（DSRC）和基于蜂窝的通信（C-V2X）两套网联通信技术方案。

（2）专用短程通信（DSRC）

1）定义

专用短程通信（DSRC）的英文全称为 dedicated short range communication，是一种基于 Wi-Fi 技术，专门用于智能交通系统的无线移动通信技术标准。DSRC 通过数据的双向传输提供短距离无线通信，可实现车辆与周围其他车辆和基础设施之间高效、安全的小范围（短距离）直接通信，具有通信链路低时延和低干扰、确保整个交通系统可靠性等优点。

2）系统组成

专用短程通信设备基于专用短程通信标准，主要包括 RSU 和 OBU 两部分，通过两者之间的无线通信可实现路网与车辆之间的信息交流。

典型专用短程通信系统的应用环境如图 2-1 所示，通信区域已在图中标出。

RSU 是 OBU 的读写控制器，通过 DSRC 通信协议的数据交互方式和微波无线传递手段，实现 RSU 与 OBU 之间安全可靠的信息交互。

OBU 是一种具有微波通信功能和信息存储功能的移动识别设备，既可以作为独立的数据载体成为单片式电子标签，又可以通过附加一个智能卡读写接口成为双片式电子标签，实现扩展的数据存储、处理、访问控制功能。

3）通信机制

国际上 IEEE 802.11p 标准将 5.850~5.925 GHz 之间长度为 75 MHz 的频段用于智能交通系统中的无线电服务。75 MHz 的频段被分为 7 个频道，如图 2-2 所示。

① 每辆车都会在 CH（信道）172 中，以 10~20 次 /s 的频率交换 DSRC 基础安全信息，紧急信息则会在 CH 184 中以更高的优先级进行传播。

② 每一条基础安全信息都包含两部分：第一部分是强制性信息，如车辆的尺寸、位置、速度、方向、加速度、制动系统状态等；第二部分是可选信息，如车辆的历史路径、传感器数据、转向盘状态等。

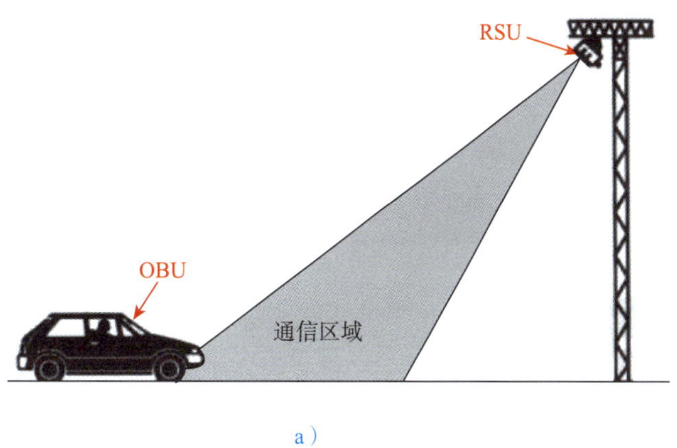

a）

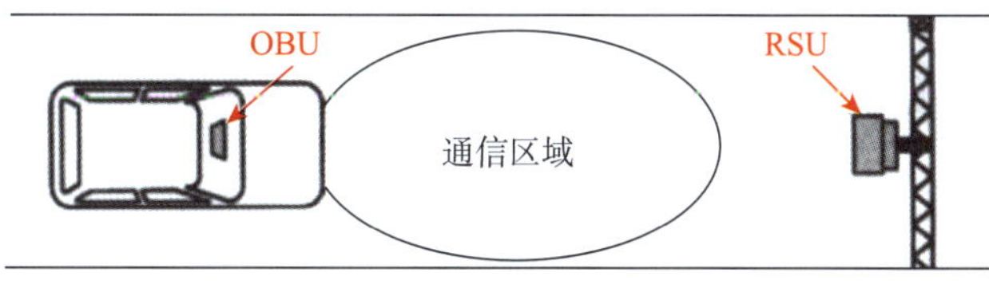

b）

图 2-1　典型专用短程通信系统的应用环境

a）侧视图　b）俯视图

5.850 GHz　　75 MHz　　5.925 GHz

预留 5 MHz	CH 172 服务 （仅限安全）	CH 174 服务	CH 176 服务	CH 178 控制	CH 180 服务	CH 182 服务	CH 184 服务 （仅限安全）

图 2-2　75 MHz 的频段划分

随着新技术的发展，DSRC 技术逐渐被取代，2020 年 11 月，美国将 DSRC 原保留频段（5.850~5.925 GHz）拆分，将其中的低 45 MHz（5.850~5.895 GHz）分配给 Wi-Fi 免授权设备，将其中的高 30 MHz（5.895~5.925 GHz）分配给 C-V2X 设备。

4）特点

DSRC 具有专属带宽并能进行短距离通信。

专属带宽：DSRC 通信协议在世界各国都有其专属的交通安全频谱，这与一些常见的其他通信协议有所不同，如 Wi-Fi、蓝牙和 Zigbee 使用的就是共享开放的 2.4 GHz 频段。

短距离通信：DSRC 的目标通信距离在 1 km 之内，相对于蜂窝通信和卫星通信来说，其通信距离较短。

（3）基于蜂窝的通信（C-V2X）

1）蜂窝网络的组成与工作原理

蜂窝网络又称移动网络，是一种移动通信硬件架构，因其由很多个通信基站进行信号覆盖形成，每个通信基站信号覆盖一片六边形区域，整个通信区域的外形呈蜂窝状而得名。

蜂窝网络由移动站、基站系统和网络系统三部分组成。

① 移动站即网络终端设备，如智能网联汽车、智能手机或蜂窝工控设备。

② 基站系统包括移动基站（俗称“铁塔”）、无线收发设备、专用网络（一般为光纤）和相关数字设备等，其中移动基站如图 2-3 所示。基站系统是无线网络与有线网络之间的转换器。

③ 网络系统包括交换机与服务器。

图 2-3　移动基站

蜂窝移动通信系统的基本原理如图 2-4 所示，此系统采取“小区制”，即将信号覆盖的真实物理世界分为数量众多的小分区，这类分区通常是六边形蜂窝状。整个网络具有多个频率，如 f_0、f_1、f_2，每一个分区被分配了一个频率，具有相应的基站。整个系统采用“频率复用”原则，相邻的分区不能使用相同频率，避免引起同信道干扰；不相邻分区可使用重复的频率。

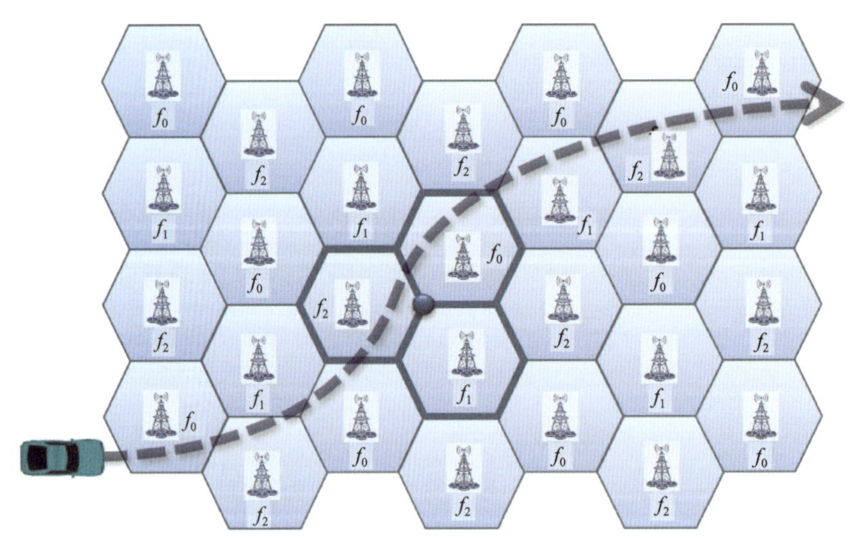

图 2-4　蜂窝移动通信系统的基本原理

在蜂窝通信的发展历程中，20 世纪 80 年代初诞生了第一代（the 1st generation，1G）移动通信系统即蜂窝移动电话系统。1991 年，第二代（the 2nd generation，2G）移动通信系统即数字移动通信系统研制成功。2001 年，以数字多媒体移动通信为目的的第三代（the 3rd generation，3G）移动通信系统进入商用阶段。3G 移动通信系统采用更先进的宽带码分多址（code division multiple access，CDMA）技术，并在更高频段使用更大的系统带宽进行数据发送，因此其数据传输速率得到进一步提升。2011 年，3GPP（the 3rd generation partnership project）发布了第四代（the 4th generation，4G）移动通信系统，即宽带数据移动互联网通信系统。近年来基于车路协同等新的业务和使用场景，4G 技术难以满足其需求，第五代（the 5th generation，5G）移动通信系统已经开始商业化运行。预计 2030 年，第六代（the 6th generation，6G）移动通信系统将开始商业化运行。

2）基于蜂窝的车联网

基于蜂窝的通信（C-V2X，cellular V2X）是基于 4G/5G 等蜂窝网络通信技术演进形成的车联网无线通信技术总称，包含基于 LTE（long term evolution）网络的 LTE-V2X 和 5G 网络的 NR（new radio）-V2X，NR-V2X 在一些车企技术资料中又被称为 5G-V2X。

3）标准演进

3GPP 作为国际通信标准组织，对 C-V2X 的研究历经多个阶段，此过程也是 C-V2X 的发展历程（见表 2-1）。

表 2-1　C-V2X 的发展历程

阶段	版本号	发布时间	功能
第一阶段	3GPP Release 14 （R14）	2017 年	能够满足交通安全和效率提升类辅助驾驶应用以及低级别自动驾驶应用的需求
第二阶段	3GPP Release 15 （R15）	2018 年	支持 LTE-V2X 增强（LTE-eV2X）的版本。在 3GPP Release 14 标准的基础上进一步提升了可靠性、峰值速率和时延等性能，以满足车辆编队行驶等部分高级别车联网业务的需求
第三阶段	3GPP Release 16 （R16）	2020 年	支持基于 5G 技术的 NR-V2X。使用更高的通信频点，以提供更大的通信带宽，进而支持大吞吐量的数据交互 可以支持大吞吐量的传感器信息共享，支持车辆间的驾驶意图和行车轨迹共享，支持高精度地图的实时下载、车辆编队、远程驾驶、高级驾驶、扩展传感器等
第四阶段	3GPP Release 17 （R17）	2022 年	为降低终端功耗，定义新的资源分配方式 通过定义终端间的协作机制提升可靠性，降低时延 为广播、组播和单播定义非连续接收模式，进一步降低终端功耗 支持新的频谱

现阶段相对简单的车路协同场景如道路辅助安全类场景的底层技术一般为 LTE-V2X，更加先进的车联网业务使用 NR-V2X。NR-V2X 与 LTE-V2X 将以互补的关系共同支撑 C-V2X 的应用，彼此配合，

可共同支撑面向完全自动驾驶的车路协同。

4）接口

C-V2X 有两种通信方式，分别为集中式（C-V2X-Cell，广域蜂窝式）和分布式（C-V2X-Direct，短程直通式）。C-V2X 包含两种通信接口，分别为 Uu 接口（终端与蜂窝网络之间）和 PC5 接口（终端与终端之间），两种接口对比如图 2-5 所示。

Uu 接口需要基站作为通信控制中心，通过基站实现数据中转，这种方式支持大带宽的长距离通信。Uu 接口在上下行链路上做了传输增强，可大幅降低上行链路与下行链路的时延。此外，Uu 接口还可以采用边缘计算技术进一步提升传输性能。

PC5 接口可以实现车辆之间的直连通信，支持车辆间动态信息（位置、速度等）的快速交换。PC5 接口主要有调度式和终端自主式两种资源分配方式，保证通信资源的高效分配。此外，通过集中式和分布式相结合的拥塞控制机制还可以提高高密度场景下的设备连接数。

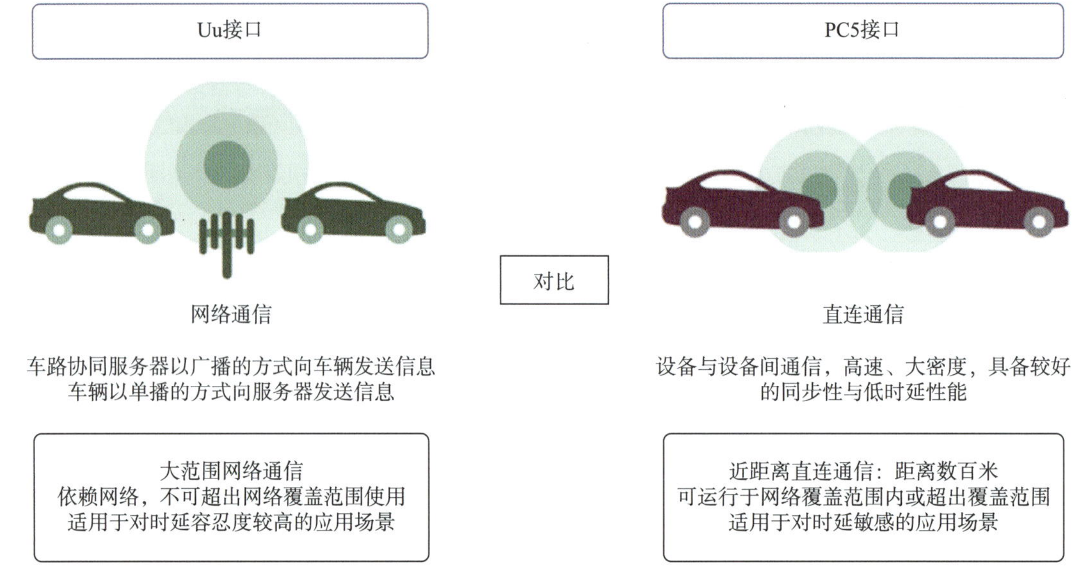

图 2-5　Uu 接口与 PC5 接口对比

C-V2X 可支持有蜂窝网络覆盖的场景和没有蜂窝网络覆盖的场景。

① 在有蜂窝网络覆盖的场景下，支持 C-V2X 的终端设备（如车载终端、智能手机、RSU 等）连接网络，以基站为通信控制中心，终端设备之间可以通过 Uu 接口进行大带宽、长距离通信，也可以通过 PC5 接口不经过基站直接与周围终端设备进行低时延、高可靠性通信。

② 在没有蜂窝网络覆盖的场景下，终端设备之间通过 PC5 接口进行通信。

C-V2X 将 Uu 接口与 PC5 接口相结合，两者相互支撑，共同用于 C-V2X 业务传输，形成有效的冗余来保障通信可靠性。

5）频段

2018 年 10 月，我国工信部无线电管理局正式发布《车联网（智能网联汽车）直连通信使用 5 905~5 925 MHz 频段管理规定（暂行）》，规划将 5.905~5.925 GHz 频段作为基于 LTE-V2X 技术的车联网（智能网联汽车）直连通信的工作频段。

6）系统的组成

C-V2X 的网络架构一般由 OBU、RSU、基站和云服务器等组成，如图 2-6 所示。

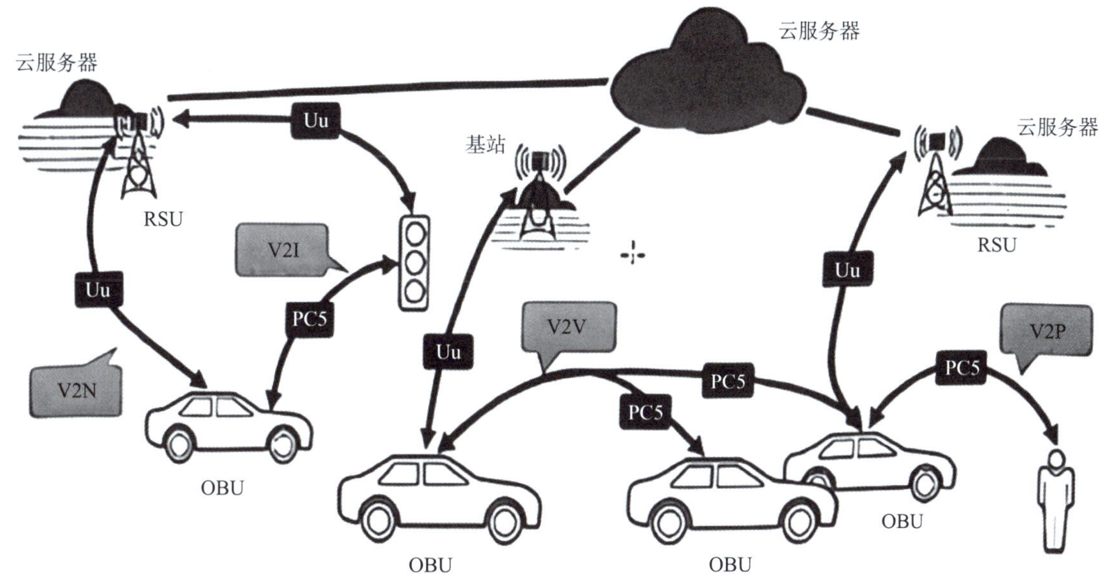

图 2-6　C-V2X 的网络架构

7）车联网通信技术路线

车联网通信技术路线可概括为图 2-7 所示。相比于 DSRC，LTE-V2X 具有以下优势。

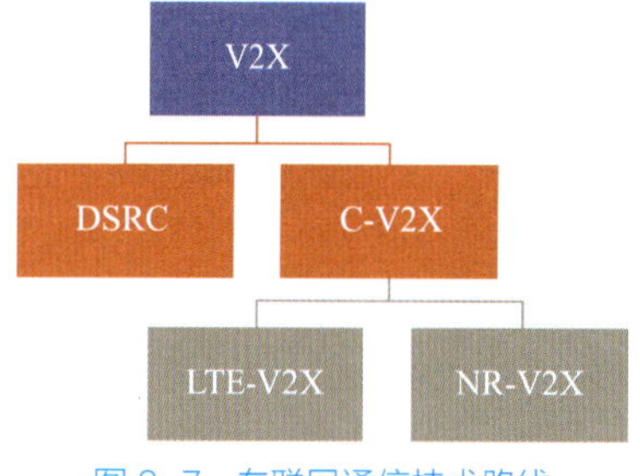

图 2-7　车联网通信技术路线

① 在信道编码、导频设计、无线资源管理等方面采用了更优化的机制。

② 在覆盖距离、抗干扰能力、传输可靠性和系统容量方面具有优势。

③ LTE-V2X 可与 LTE 天然集成，提高自身终端模块的渗透率，并且借助广泛部署的 LTE 网络和庞大的用户基础可降低路侧交通基础设施的建设费用。

2. 技能操作

（1）操作准备

准备技能操作所需的物料，见表 2-2。

表 2-2　物料准备

类别	所需物料
教学整车 / 实训平台	车路协同系统实训台架
仪器、设备、工具	车路协同系统技术手册等

（2）网联通信技术解说

根据车路协同系统技术手册，对网联通信技术的相关知识进行解说，将工作过程记录在表 2-3 中。

表 2-3　工作记录表

序号	工作项目	工作内容	备注
1	车联网对通信技术的能力需求	解说要点： 解说设计点 / 亮点： 解说词： 解说过程注意事项：	
2	DSRC 技术解说	解说要点： 解说设计点 / 亮点： 解说词： 解说过程注意事项：	

续表

序号	工作项目	工作内容	备注
3	C-V2X 技术解说	解说要点： 解说设计点 / 亮点： 解说词： 解说过程注意事项：	

二、通信系统部署方式确认

1. 知识学习

（1）车路协同通信系统部署方式

车路协同系统应用场景日益丰富，相关技术也在不断进步和成熟。目前，车路协同通信系统具有多种部署方式。

1）车路协同通信系统 1.0 部署方式

车路协同通信系统 1.0 部署方式应用于车辆从车路协同系统获取简单信息，车和路之间的信息交互非常有限，道路数字化程度较低的应用场景，如少数重点管控的车辆会通过 4G/5G 技术向管控平台上报自身的位置和状态以便接受监管，道路信息通过可变情报板或运营商短消息的方式通知车辆，提供准静态信息。该类部署方式仅需低精度感知和初级预测，不需要数据融合，允许系统在信息采集、处理和传输的过程中具有一定程度的时延。

典型的车路协同通信系统 1.0 部署架构图如图 2-8 所示。

2）车路协同通信系统 2.0 部署方式

车路协同通信系统 2.0 部署方式应用于车辆提供自身状态信息和控制信息，获取实时道路信息，道路进行状况感知和发送实时路况通知及其他简单信息通知，以及技术上具备摄像头、雷达、线圈等传感器的大范围部署和图像识别、交通流量统计技术能力的应用场景。道路与车辆系统之间的双向数据实时共享可以支持较高时间和空间解析度的驾驶辅助和交通管理功能，如前方路口交通事故等交通事件信息被路侧实时感知后，通过基于 C-V2X 技术建立的车辆和路侧基础设施信息交互的快速通道，仅以几十毫秒以内的通信时延通知车辆并指导车辆进行短时决策。该类部署方式要求系统具备复杂传感、深度预测功能和双向数据实时共享能力。

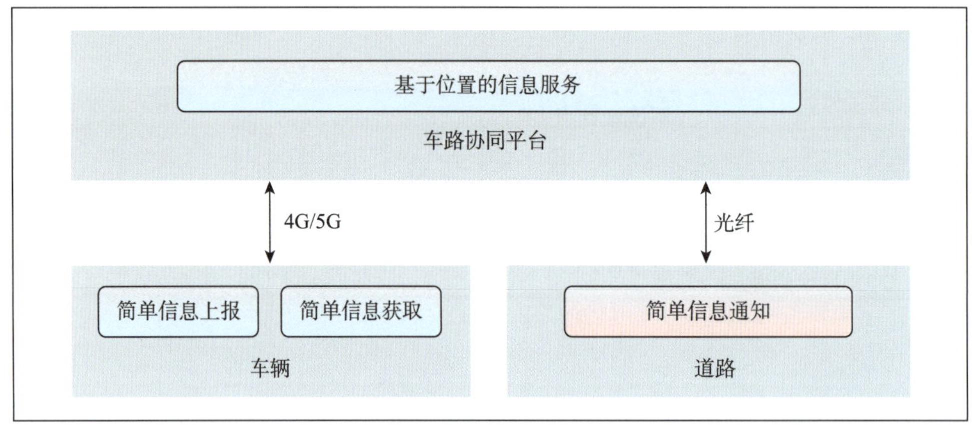

图 2-8　车路协同通信系统 1.0 部署架构图

典型的车路协同通信系统 2.0 部署架构图如图 2-9 所示。

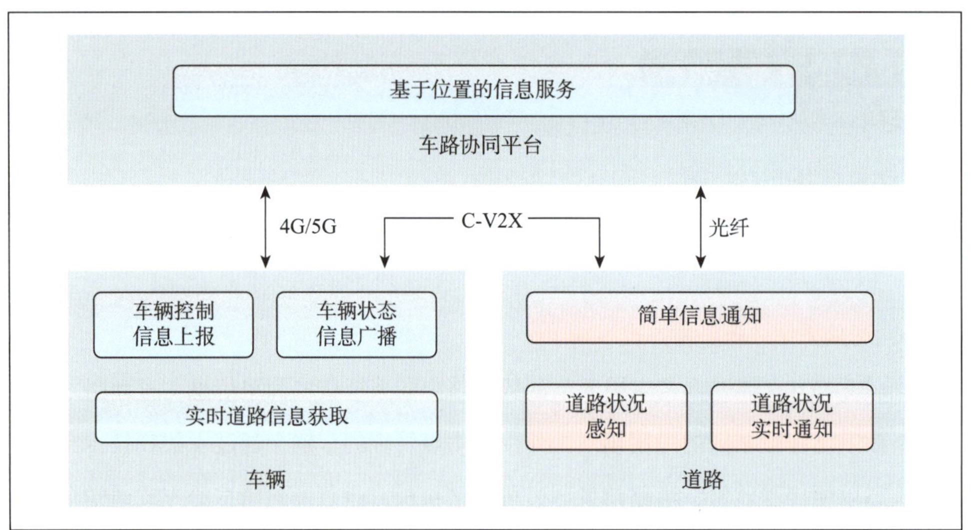

图 2-9　车路协同通信系统 2.0 部署架构图

3）车路协同通信系统 3.0 部署方式

车路协同通信系统 3.0 部署方式应用于车辆不仅提供自身状态信息和控制信息，还可以接收车路协同指令的应用场景，车辆将自车传感器的原始数据发送到路侧，车辆和路侧设施之间可以进行协同感知，系统利用边缘计算技术进行更为精准的计算。路侧设施可以向车辆提供有针对性的道路全息感知结果，在高级别应用中可以利用强大的边缘计算能力为车辆直接规划行驶路径。在 C–V2X 技术的支持下，感知能力和计算能力可以在车辆和道路之间进行动态分配，实现综合成本、效率的优化。在边缘计算技术的支持下，各微观交通节点可以实现局部通行效率的优化，为自动驾驶车辆提供全场景下的感知、预测、决策、控制、通信服务，以优化整个交通基础设施网络及车辆的部署和运行。该类部署方式要求系统中的 C–V2X 具备更大的传输带宽以及单播传输机制，将路侧融合感知、边缘计算、C–V2X 技术综合运用。

典型的车路协同通信系统 3.0 部署架构图如图 2–10 所示。

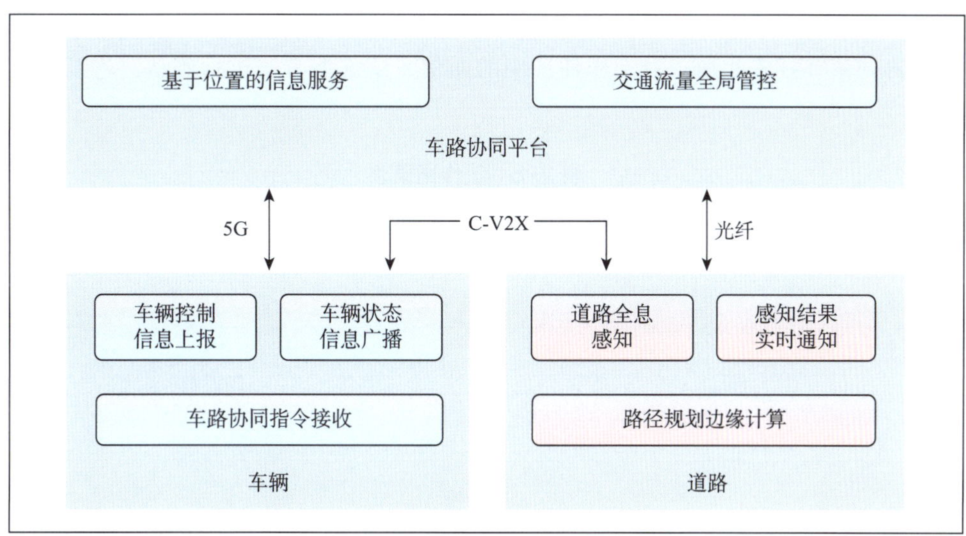

图 2–10　车路协同通信系统 3.0 部署架构图

（2）部署方式确认的工作过程

车路协同系统的部署方式受到功能、技术能力、场地条件、政策法规、基础设施情况、项目周期与成本等多方面的要求和制约，每个项目的方案一般都存在相当的差异，因此在进行车路协同系统部署前需完成以下确认工作。

第一步：仔细阅读装调任务书，明确通信各方、通信技术类别和通信要求。必要时查阅如《合作式智能运输系统　车用通信系统　应用层及应用数据交互标准》（T/CSAE53—2017）等标准进行进一步确认，如左转辅助应用场景在此标准中的通信方式为“HV 和 RV 需具备短程无线通信能力，车辆信息通过短程无线通信在 HV 和 RV 之间传递（V2V）；利用具备短程无线通信能力的路侧设备直接探测碰撞危险或远车信息，发送给主车（V2I）”。

第二步：记录装调任务书中的车辆发送与接收的信息，明确系统中道路与平台的作用。

第三步：记录系统基本性能要求，并根据此信息核实部署方式。相关性能要求包括主车车速范围、通信距离和数据更新频率等方面的要求。

确认完毕，根据装调任务书绘制部署架构图。

2. 技能操作

（1）操作准备

准备技能操作所需的物料，见表 2–4。

表 2-4　物料准备

类别	所需物料
教学整车 / 实训平台	车路协同系统实训台架
仪器、设备、工具	车路协同系统技术手册等

（2）通信系统部署方式确认

根据车路协同系统技术手册，对工作任务中的通信系统部署方式进行确认，将工作过程记录在表 2-5 中。

表 2-5　工作记录表

序号	工作项目	工作内容	备注
1			
2			
3			
4			
5			
6			
7			
8			
9			
10			
11			
12			
13			
14			
15			
16			

（3）部署架构图绘制

根据车路协同系统技术手册，将部署架构图绘制在表 2-6 中。

表 2-6　工作记录表

部署架构图

检查评估

对本任务的学习情况进行检查，并将相关内容填写在表 2-7 中。

表 2-7　检查表

检查项目	检查结果	结果点评
网联通信技术认知		
是否能准确解释车联网对通信技术的能力需求	是□　否□	
是否能正确且完整介绍 DSRC 技术	是□　否□	
是否能正确且完整介绍 C-V2X 技术	是□　否□	
通信系统部署方式确认		
是否能准确描述不同的部署方式	是□　否□	
是否能将技术手册与部署方式进行对应和解释	是□　否□	
是否能简要绘制部署架构图	是□　否□	

续表

检查项目	检查结果	结果点评
整理及恢复		
工具、设备是否整理恢复	是□　否□	
实训工位是否打扫干净	是□　否□	
工作页是否填写完整	是□　否□	

任务小结

本任务小结如图 2-11 所示。

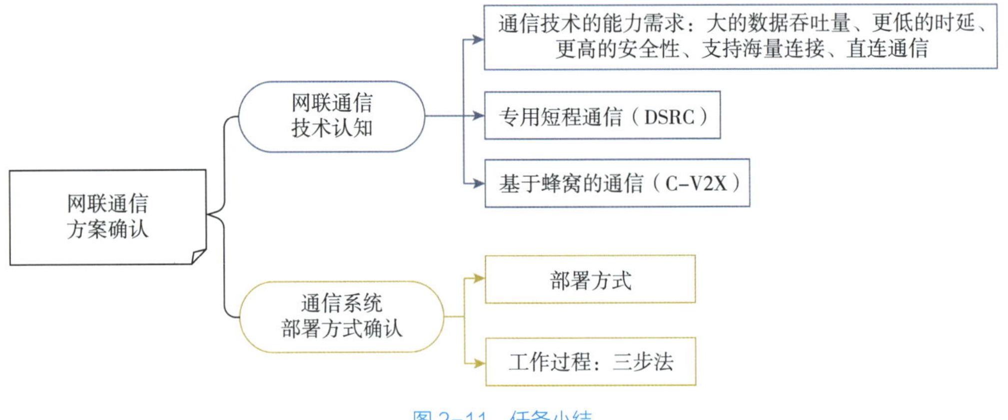

图 2-11　任务小结

任务三
C-V2X 车载单元（OBU）安装

任务导入

场景：某国产自主品牌汽车试制车间。

人物：装调技师宋师傅、实习技师小张。

情境：试制车间宋师傅的小组接到任务，为试制样车安装部署 C-V2X 车载单元（OBU）。宋师傅向小张解释说："车路协同系统中车辆关键的通信终端就像我们每个人的手机一样，只有拿着它才能和其他人联系，OBU 就是智能网联汽车的通信终端，它的功能还不仅如此呢。"小张很好奇 OBU 是什么，又是怎么装在车上的，现在请你随小张开始工作吧。

任务目标

- 能根据车辆装调技术手册和 OBU 技术手册，规范完成 OBU 安装前的部件检查工作。
- 能根据车辆装调技术手册和 OBU 技术手册，与他人合作规范完成 OBU 安装部署工作。

任务实施

一、OBU 部件检查

1. 知识学习

（1）OBU 的定义

车路协同系统中的车载单元（OBU）是安装在智能网联汽车上，用于通过车联网与外界进行车辆位置、车速、行驶方向等信息交互的通信终端，此外，OBU 一般还具备高精度定位、故障诊断、为整车固件远程升级等功能。

OBU 可通过安装不同通信模块支持各种通信制式，一些 OBU 产品同时集成专用短程通信（DSRC）与基于蜂窝的通信（C-V2X）两种制式，也有些 OBU 产品仅支持其中一种制式。

OBU 的外观如图 3-1 所示。

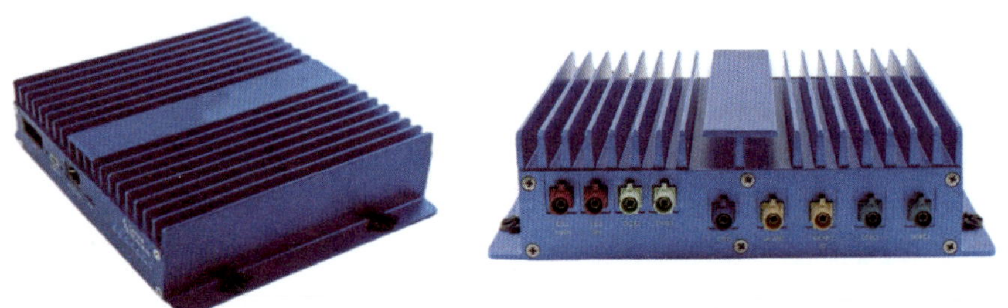

图 3-1　OBU 的外观

（2）OBU 的功能

OBU 的功能包括业务功能和管理功能两类，见表 3-1。

表 3-1　OBU 的功能

级别	业务功能	管理功能
基本功能	数据收发 数据解析与协议转换 车辆定位 时钟同步	配置管理 设备认证 故障管理 状态管理 升级管理
高级功能	场景分析 辅助驾驶	运维管理 人机交互界面支持

业务功能中的基本功能负责 V2X 业务的实现，包括数据收发、数据解析与协议转换、车辆定位和时钟同步等；高级功能有场景分析和辅助驾驶等。管理功能中的基本功能有配置管理、设备认证、故障管理、状态管理和升级管理等；高级功能有运维管理和人机交互（human machine interaction，HMI）界面支持等。

1）业务功能

数据收发：OBU 发送数据的方式包括通过 PC5 接口或 DSRC 发送数据到 RSU 和其他车辆 OBU，以及通过 Uu 接口上传数据到汇聚点。OBU 接收数据的方式包括通过 PC5 接口或 DSRC 接收 RSU 数据、其他车辆 OBU 数据和交通参与者数据，通过 Uu 接口接收平台下发数据，以及通过自定义接口接收来自路侧交通设施的数据。

数据解析与协议转换：OBU 支持接收并解析 V2X 业务数据、路侧交通设施数据、交通参与者数据，支持数据协议转换，转换后的数据格式符合相关标准要求。此外，OBU 支持 CAN 数据的读取和解析，通过车载网络实时掌握车辆状态信息，并及时上传到后台服务器。

车辆定位和时钟同步：OBU 支持北斗 /GPS 至少车道级定位精度的定位，支持上报自身位置、速度、行驶方向信息到平台，并支持平台对信息的查询。OBU 支持北斗 /GPS 时钟同步、基站时钟同步、RSU 时钟同步和混合时钟同步，其中优先支持北斗 /GPS 时钟同步。

场景分析和辅助驾驶：OBU 通过分析来自其他车辆 OBU、RSU 的数据来分析实时路况。OBU 可以辅助驾驶员的驾驶行为，如发出超速语音提醒、参与执行各种先进驾驶辅助系统（ADAS）功能等。

2）管理功能

配置管理和设备认证：OBU 支持远程配置和本地配置两种参数配置方式，且本地配置优先级和权限高于远程配置。OBU 提供对业务运行所需的各种硬件和软件资源的参数设置服务并支持平台对其相关参数信息的查询。

故障管理：OBU 支持主动发现故障、生成故障日志文件、上报与处理故障等功能，具有软复位和硬复位启动的功能。

状态管理和升级管理：OBU 支持实时监测自身的网络状态、故障状态、工作模式、电源状态和资源使用情况以及上报、查询和广播实时状态等功能。OBU 支持本地升级和通过 OTA（over-the-air technology，即空中下载技术）远程升级。

运维管理和人机交互界面支持：OBU 支持本地运维管理和远程运维管理，本地运维管理的优先级高于远程运维管理，支持通过文字、图标和声光等提示方式与驾驶员进行人机交互。

（3）OBU 的主要参数

在技术手册中，OBU 的主要参数一般分为核心参数、电气环境特性参数和物理特性参数三类，某典型的 OBU 产品参数表见表 3-2，其中与装调相关的参数主要有 V2X 通信制式与标准、工作电压与工作电流、尺寸、颜色、外壳材料等。

表 3-2　OBU 产品参数表（示例）

类别	项目	参数
核心参数	操作系统（OS）	Linux 4.14.98
	处理器	四核 1.2 GHz
	内存	1 200 MHz 2 GB
	存储	8 GB
	蜂窝	WCDMA/FDD-LTE/TDD-LTE/NR 5G
	V2X 通信制式与标准	C-V2X PC 5 mode4 符合 3GPP Rel.14 规范
	GNSS	支持北斗 /GPS/GLONASS/Galileo，最高更新频率为 30 Hz
	IMU	3 轴加速度，3 轴角速度
	Wi-Fi	支持 2.4 GHz/5 GHz 频段 11a/b/g/n/ac

情境一

续表

类别	项目	参数
核心参数	CAN	CAN 2.0B × 2 路
	RS232	RS232 × 1 路；支持外部接入厘米级高精度定位传感器
	调试串口	UART × 1 路
	以太网	1 000 Mbps × 1 路
	eSIM	可内置 eSIM 芯片
电气环境特性参数	工作电压与工作电流	12 V，1 A
	运行湿度	10% ~ 95%（无凝结）
物理特性参数	尺寸	190 mm × 157 mm × 30 mm
	颜色	黑色
	外壳材料	铝合金
	净重	约 800 g

（4）OBU 部件检查方法

OBU 部件检查包括编号检查、外观检查和参数核对三项工作，以确保部件领取无误且满足装车要求。

1）编号检查

仔细检查 OBU 部件标签上的产品型号与零件号是否与技术手册（如装调任务书）上的相关信息一致，必要时可通过尺寸、颜色、外壳材料等参数对部件进行确认。

2）外观检查

仔细检查 OBU 部件外观是否完好，是否存在污损、裂纹、磕碰痕迹与划痕，电气接口是否清洁完好。

3）参数核对

认真检查核对部件附带的技术手册上的 V2X 通信制式与标准、工作电压与工作电流、导航定位功能参数等是否与图纸或装调任务书上的一致。

2. 技能操作

（1）操作准备

准备技能操作所需的物料，见表 3-3。

表 3-3　物料准备

类别	所需物料
教学整车 / 实训平台	车路协同系统实训台架
仪器、设备、工具	车辆装调技术手册、OBU 技术手册、防护手套等

（2）OBU 部件检查

根据技术手册对 OBU 进行安装前的检查，将工作过程记录在表 3-4 中。

表 3-4　工作记录表

序号	工作项目	工作内容	结果	备注
1	产品型号	是否与技术手册上的内容一致	是□　否□	
2	零件号	是否与技术手册上的内容一致	是□　否□	
3				
4				
5				
6				
7				
8				
9				
10				
11				
12				

二、OBU 安装部署

1. 知识学习

（1）OBU 的架构与硬件

车联网中的 OBU 典型的基本架构如图 3-2 所示，包含无线电通信子系统、定位系统、车载设备处理单元和天线四个子系统。其中，一些 OBU 采用外置天线技术方案，通过接口外接天线。

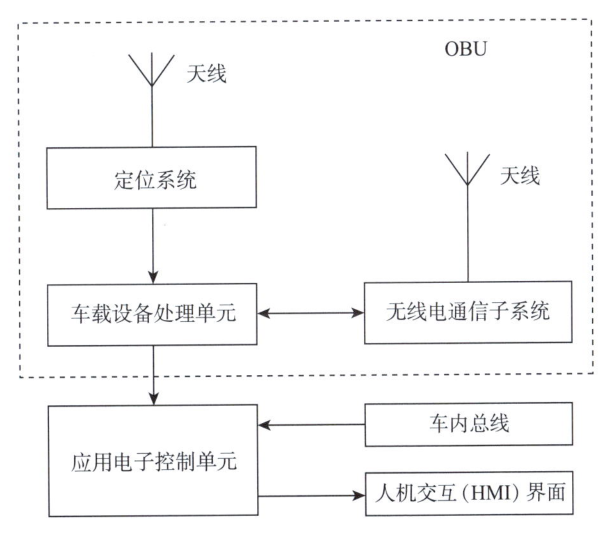

图 3-2　OBU 典型的基本架构

无线电通信子系统用于接收和发送空中信号。一个 OBU 可以装配一个或者多个无线电通信子系统，此系统一般支持以太网、光纤、LTE 和 5G NR 等通信方式，也可根据业务需要增加其他通信方式，如 Wi-Fi、蓝牙、USB 和串口等。

定位系统通常包含全球导航卫星系统（global navigation satellite system，GNSS）接收器，用于提供车辆的位置、方向、速度等信息，该系统可以通过车速信号、惯性测量单元、差分定位系统等来增强定位能力。

车载设备处理单元负责运行程序以生成需要发送的空中信号，以及处理接收的空中信号。

天线用于实现射频信号的接收和发送。

除了基本架构，OBU 还具有电源模块、运算与存储单元、加密单元、外围单元等部件单元。电源模块一般以 9~32 V 的供电电压为 OBU 供电，同时支持车载供电方式。运算与存储单元采用通用架构的应用处理器，在存储方面，RAM（随机存取存储器）承载运算单元运行所需的实时数据，EMMC（内嵌式存储器）负责存储非易失性数据。加密单元为 OBU 提供实时的硬件加密和验签。外围单元是指状态指示灯、调试接口、SIM 卡等部件，其中状态指示灯提供运行状态、电源状态以及针对性告警指示。

OBU 通过接口与车辆上的整车控制单元相连，并通过人机交互界面对驾驶员进行图像、声音、振动等方式的提醒。

（2）OBU 端口

典型的 OBU 正面与背面两面均设有端口。OBU 正面端口如图 3-3 所示，各端口及其说明见表 3-5。

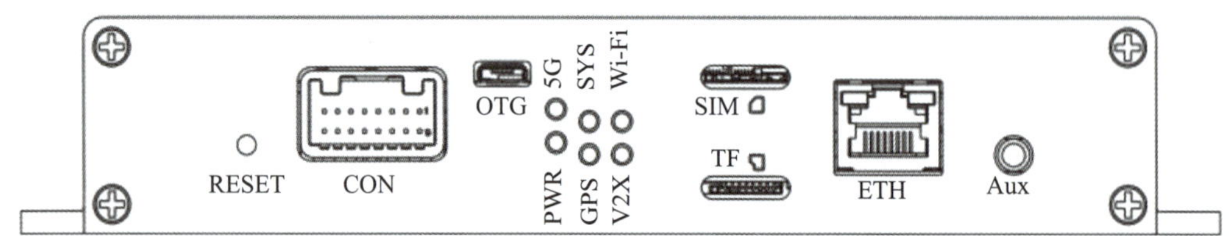

图 3-3　OBU 正面端口

表 3-5　OBU 正面端口及其说明

序号	端口	说明
1	RESET	强制重置按键，用于将设备配置初始化
2	CON	设备主接口，用于供电与通信 针脚分别有多路 CAN_H 与 CAN_L、点火信号输入、电源输入、车速检测信号输入、通用输入、电源输入、接地等
3	OTG	Micro-USB
4	SIM	Micro-SIM 卡槽，支持卡检测
5	TF	TF 卡槽，支持热插拔
6	ETH	1 000 Mbps 以太网接口
7	Aux	模拟音频输出接口

OBU 背面端口如图 3-4 所示，各端口及其说明见表 3-6。

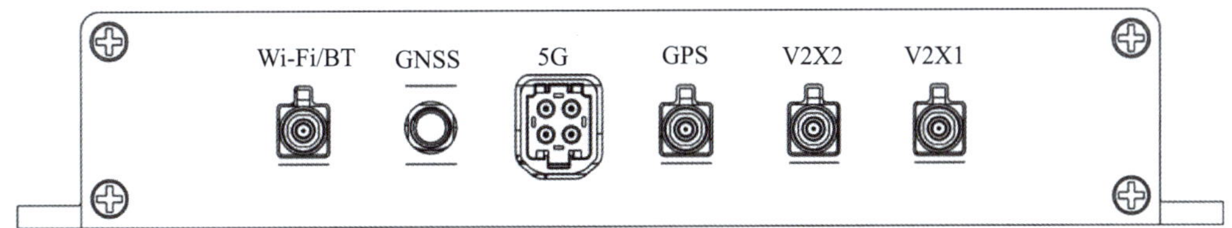

图 3-4　OBU 背面端口

表 3-6　OBU 背面端口及其说明

序号	端口	说明
1	Wi-Fi/BT	Wi-Fi/BT 天线接口，FAKRA-K
2	GNSS	高精度 GNSS 天线接口，SMA
3	5G	4G/5G MIMO 天线接口，MINI-FAKRA
4	GPS	GPS 天线接口，FAKRA-C
5	V2X2	V2X 副天线接口，FAKRA-Z
6	V2X1	V2X 主天线接口，FAKRA-Z

（3）OBU 状态指示灯

典型的 OBU 状态指示灯如图 3-5 所示，各状态指示灯及其说明见表 3-7。

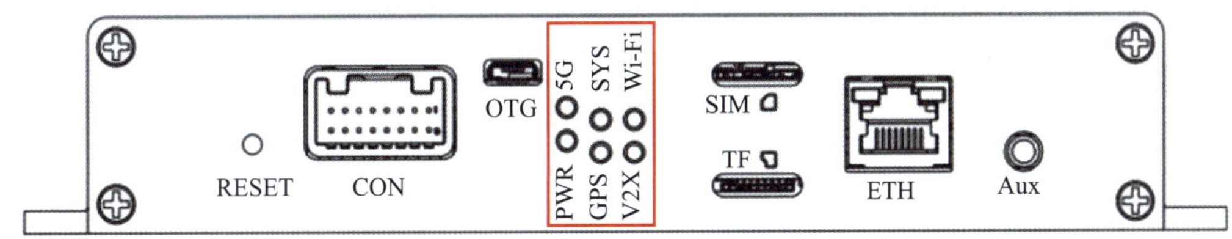

图 3-5　OBU 状态指示灯

表 3-7　OBU 状态指示灯及其说明

序号	符号	名称	说明
1	PWR	供电指示灯	上电：亮；下电：灭
2	SYS	系统运行状态指示灯	设备上电：常亮；设备断电或待机（休眠）：常灭；系统启动完成：以 1 Hz 的频率闪烁
3	Wi-Fi	Wi-Fi 无线通信指示灯	工作时缓慢闪烁
4	5G	蜂窝网络状态指示灯	连接正常：亮；连接异常：灭

情境一

续表

序号	符号	名称	说明
5	GPS	GNSS 状态指示灯	GNSS 定位：常亮；GNSS 天线异常：常灭；天线正常却无法定位：以 1 Hz 的频率闪烁
6	V2X	V2X 状态指示灯	有通信：常亮；无通信：常灭

（4）OBU 的安装位置

OBU 一般安装于车辆仪表板内或行李舱附近，如图 3-6 所示。

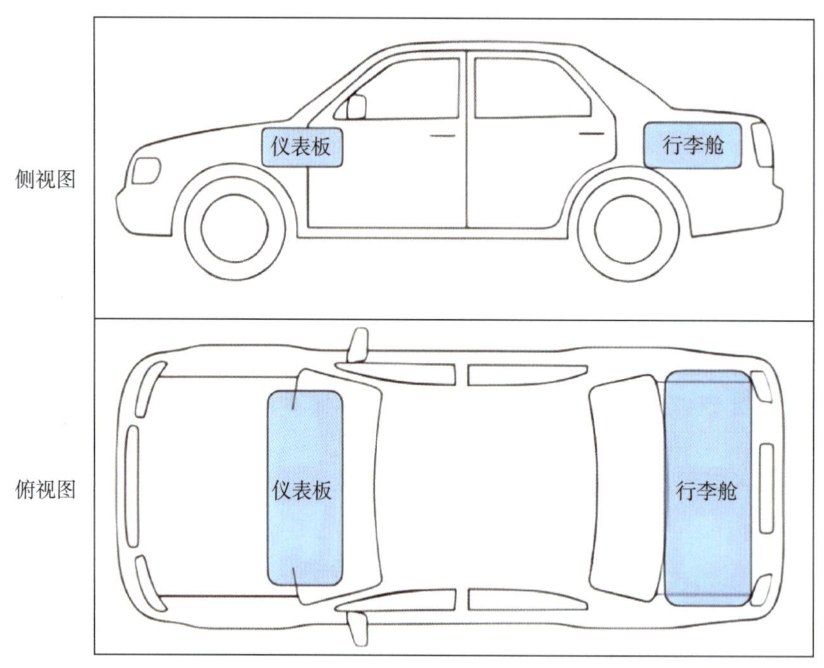

图 3-6　OBU 的安装位置

（5）OBU 安装部署的方法

OBU 安装部署主要分为部件检查、部件安装、设备连接、软件部署、工作检查五个步骤，如图 3-7 所示。

图 3-7　OBU 安装部署的步骤

部件检查主要包括零件号、型号检查核对，部件外观检查，以及安装螺栓数量和型号核对。

部件安装时首先需根据图纸明确 OBU 的安装位置，然后明确安装方式，绝大多数 OBU 采用 4 个螺栓固定的方式，如图 3-8 所示。安装时先将 4 个螺栓全部旋入车身支架对应的螺纹孔，待设备各线束连接完毕，利用设备安装板的长圆孔进行部件安装位置的调整，最后紧固螺栓。

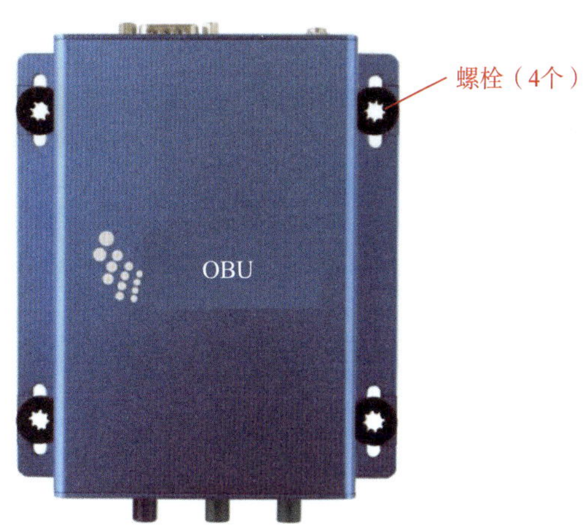

图 3-8　OBU 典型的安装方式（螺栓固定）

设备连接主要是指根据技术手册，连接 OBU 前面和后面各端口。需注意连接时应进行竖直方向插拔，禁止扭动和掰动插头以造成插接头或端口针脚的损坏，设备连接后应进行线束整理和捆扎固定。

软件部署是在部件安装与设备连接之后，打开软件系统装调环境，查看系统固件是否安装正常，以及软件版本是否符合技术手册要求。

工作检查时首先要通过状态指示灯与系统装调环境，查看 OBU 供电、信号连接、通信功能是否正常，然后通过安装于仪表板上的数字仪表、中控屏的人机交互界面检查 OBU 人机交互功能是否正常。

2. 技能操作

（1）操作准备

准备技能操作所需的物料，见表 3-8。

表 3-8　物料准备

类别	所需物料
教学整车 / 实训平台	智能网联实训整车或车路协同系统实训台架
仪器、设备、工具	车辆装调技术手册、OBU 技术手册、防护手套、工具套装等

（2）OBU 安装部署

根据技术手册安装部署 C-V2X 的 OBU，将工作过程记录在表 3-9 中。

表 3-9　工作记录表

序号	工作项目	工作内容	备注
1			
2			

续表

序号	工作项目	工作内容	备注
3			
4			
5			
6			
7			
8			
9			
10			
11			
12			
13			
14			
15			
16			

检查评估

对本任务的学习情况进行检查，并将相关内容填写在表 3-10 中。

表 3-10　检查表

检查项目	检查结果	结果点评
OBU 部件检查		
是否能准确解说 OBU 的定义与功能	是□　否□	
是否能解释 OBU 各参数的含义	是□　否□	
是否完成 OBU 型号与零件号的核对	是□　否□	
是否完成 OBU 安装前的部件检查工作	是□　否□	
OBU 安装部署		
是否能准确解说 OBU 的架构与硬件功能	是□　否□	

续表

检查项目	检查结果	结果点评
是否能辨认和检查 OBU 端口与状态指示灯	是□ 否□	
设备连接是否正确	是□ 否□	
安装部署工作检查是否完成	是□ 否□	
整理及恢复		
工具、设备是否整理恢复	是□ 否□	
实训工位是否打扫干净	是□ 否□	
工作页是否填写完整	是□ 否□	

任务小结

本任务小结如图 3-9 所示。

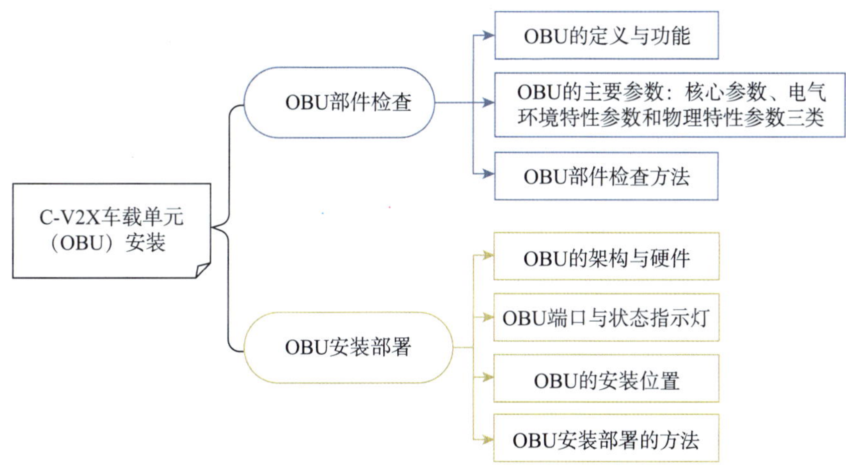

图 3-9 任务小结

任务四 C-V2X 路侧单元（RSU）安装

任务导入

场景：某国产自主品牌汽车试制车间。

人物：装调技师宋师傅、实习技师小张。

情境：在试制车间宋师傅带领小张完成了车载单元（OBU）的安装后，小张问宋师傅："咱们在安装车路协同系统，那么，宋师傅，车载单元是不是应该和'路'进行通信呢?"宋师傅肯定了小张的疑问，告诉小张下一步他们将安装道路部分的通信终端，即路侧单元（RSU）。现在请你随小张开始工作吧。

任务目标

- 能根据 RSU 技术手册，正确且流畅地解释 RSU 在车路协同系统中的各项功能。
- 能根据车辆装调技术手册和 RSU 技术手册，规范完成 RSU 安装前的部件检查工作。
- 能根据车辆装调技术手册和 RSU 技术手册，与他人合作规范完成 RSU 的安装部署工作。

任务实施

一、RSU 部件检查

1. 知识学习

（1）RSU 的定义

路侧单元（RSU）是安装在路侧交通装置如路杆或路旁建筑物上（见图 4-1），用于与车辆通过各种

车联网技术进行通信的 V2I 路侧网络通信终端部件。RSU 能够支持低时延的 V2X 数据广播，可用于实现智慧交通与自动驾驶，提升道路交通效率和安全性。

图 4-1　RSU 的安装位置

（2）RSU 的功能

RSU 的功能包括业务功能和管理功能两大类，如图 4-2 所示。

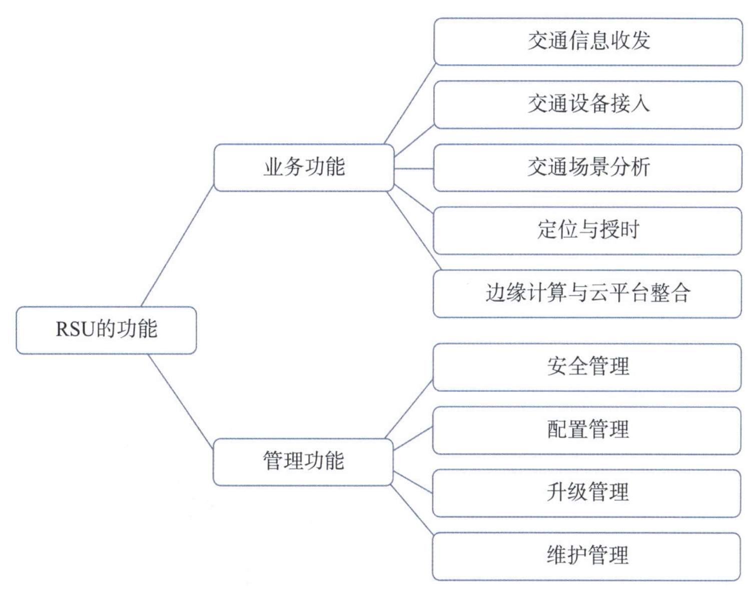

图 4-2　RSU 的功能

业务功能用于满足 RSU 的主体业务场景需求，包括交通信息收发、交通设备接入、交通场景分析、定位与授时、边缘计算与云平台整合等业务模块。管理功能主要用于 RSU 日常运行时的维护管理，包括安全管理、配置管理、升级管理和维护管理等模块。

1）业务功能

交通信息收发：接收来自 OBU 和路侧设施产生的交通信息，根据交通场景需要，通过 PC5 接口或者 Uu 接口以标准化的形式将其发送到相应的交通实体中。RSU 收发的交通信息分为路侧事件信息、路侧安全信息、信号灯信息和地图信息四类，见表 4-1。

表 4-1　RSU 收发的交通信息

名称	英文缩写	RSU 收发过程
路侧事件信息	RSI（road side information）	由 RSU 向所覆盖范围内的 OBU 广播当前区域内发布的交通事件信息和交通标识牌信息
路侧安全信息	RSM（road safety message）	由 RSU 向所覆盖范围内的 OBU 广播当前区域内通过各种雷达、事件检测摄像机等检测设备获取到的车辆、行人等交通参与者的实时状态信息
信号灯信息	SPATM（signal phase and timing message）	由 RSU 向所覆盖范围内的 OBU 广播当前道路路口信号灯的状态信息
地图信息	MAP	由 RSU 向所覆盖范围内的 OBU 广播当前区域内路网信息，包括路口、路段信息，车道和道路连接关系等

交通设备接入：RSU 可以通过接入多种交通设备将来自不同信息源的交通数据进行汇集，用于提供综合的交通场景信息。RSU 可接入的交通设备包括信号灯控制器、毫米波雷达和人工智能（AI）事件检测摄像机等，因此，一般要求 RSU 可与各种交通设备的接口协议适配。RSU 系统软件一般是基于 Linux 系统开发而成的，可根据系统硬件需要和软件协议进行二次开发以满足适配各种外围设备的需求。

交通场景分析：RSU 接收来自 OBU 和路侧各种交通设施的信息，通过分析可以生成路况状态的实时报告，并以“交通事件”的形式发送给与之相关的其他 RSU 和 OBU。

定位与授时：RSU 可以通过自带的 GNSS 进行高精度定位，并将定位数据应用于各类信息。此外，RSU 可以把接收到的外部定位系统所提供的差分定位数据以消息转发代理的形式广播给 OBU，如图 4-3 所示，实现 OBU 的高精度定位。RSU 支持北斗 /GPS 时钟同步、基站时钟同步和混合时钟同步，其中优先支持北斗 /GPS 时钟同步。

图 4-3　RSU 为 OBU 提供定位数据

边缘计算与云平台整合：RSU 可通过边缘计算进行功能扩展，来提升自身的计算和存储能力，引入更多的本地应用，满足更多的交通场景业务需求。RSU 可应用分布式的业务模型，将数据通过边缘计算汇聚，经云平台集中处理和呈现，用于对整个城市或者地区交通路网的动态规划调节。

2）管理功能

安全管理：RSU 的安全管理功能包括设备安全管理与消息认证鉴权两大子功能。

RSU 通过配置专用的硬件加密模块，提供本地的加解密功能。RSU 本地配置数据和业务数据采用专门的方式进行安全存储，防止不必要的泄露和删改。为防范入侵和网络攻击，RSU 从设备系统和网络环境等多方面采取措施，对系统固件进行加固防范，对于设备暴露的硬件通信接口通过软件系统进行锁定和禁用。对于本地和远端的管理维护行为，除了必要的双向账号验证，还要求对全过程实施通信承载加密，防止信息被第三方截取。

RSU 可对 PC5 接口上的 C-V2X 消息进行认证鉴权。C-V2X 业务运行安全机制是通过数字证书认证体系对 RSU 所收发的消息进行签名和验签操作，验证消息发送端是否合法有效。

配置管理：通过 RSU 可实现对业务运行所需的各种硬件和软件资源的参数设置。

升级管理：针对业务功能和安全需求的改进，RSU 可以通过 OTA（空中下载技术）远程升级系统固件。

维护管理：RSU 的维护管理功能包括状态实时监控、运行统计、故障报警等子功能。RSU 通过网络维护管理的方式对资源的使用情况和状态进行实时监控，防止出现异常的资源占用情况。RSU 在业务使用过程中对各个接口上发送和接收消息的种类和数量进行统计，可将如 GNSS 定位同步失败等异常情况通过消息告警的方式向平台进行反馈。

（3）RSU 部件的外观与性能参数

RSU 部件的外观如图 4-4 所示，RSU 部件一般为铝合金材质，本体上下两端均带有多个天线接口，各类天线与本体采用分体式连接。

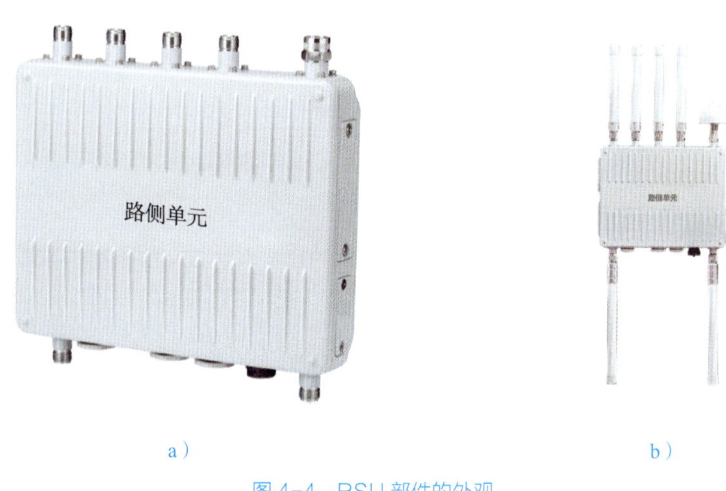

a）　b）

图 4-4　RSU 部件的外观

a）RSU 部件本体　b）RSU 部件带天线

情境一

以我国某自主品牌 RSU 产品为例，RSU 部件除了具备强大的通信能力，根据户外安装部署需要，其在防水防尘、供电、运行维护方面也都采用专门的技术。

1）采用双模终端，通过 LTE-PC5 和 LTE-Uu 接口通信。

2）采用自研 C-V2X 车规级模组。

3）支持高精度定位，支持无 GNSS 场景下的空口同步。

4）采用高增益天线，最大通信距离可达 1 000 m。

5）采用高性能国密安全方案，支持国密算法与国际商用密码算法。

6）采用 IP67 防护等级，满足严苛的室外环境使用要求。

7）采用一体化设计，易安装，支持 DC、AC、以太网供电（PoE）多种供电方式。

8）支持近端操作维修与远程集中运维，满足大规模部署运维需求。

某典型 RSU 部件的规格参数见表 4-2，主要包括基本参数、电气参数和接口信息三大类。

表 4-2　典型 RSU 部件的规格参数（示例）

类别	项目	参数
基本参数	产品名称	路侧单元（RSU）
	尺寸	298.3 mm × 277.4 mm × 94.2 mm（金属壳体加天线盒）
	结构	铝合金材质，散热设计
	支架	铝合金材质，支持横装、竖装等安装方式
	射频制式和频段	PC5 频段：C-V2X B47（5 855~5 925 MHz） Uu 频段：5G SA：n1/3/28/41/78/79　5G NSA：n28/41/78/79 LTE：B1/3/5/7/8/28/34/38/39/40/41　WCDMA：B1/2/5/8 GSM：B2/3/5/8
	GNSS 制式	北斗 /GLONASS/GPS/Galileo
电气参数	射频发射功率	C-V2X PC5：23 ± 3.3 dBm 5G NR：23 ± 2 dBm LTE：23 ± 2.7 dBm（Power Class 3）
	覆盖	C-V2X 无遮挡情况下覆盖距离大于等于 600 m@PRR 大于等于 99%
	时延	C-V2X 业务平均时延：小于 20 ms（通过 ACME 测试）
	理论最大传输速率	C-V2X：30 Mbps 5G NR SA：2 Gbps DL/0.8 Gbps UL 5G NR NSA：1.77 Gbps DL/0.49 Gbps UL LTE FDD：150 Mbps DL/ 50 Mbps UL

续表

类别	项目	参数
接口信息	供电	AC 110~220 V PoE 48 V 电源状态：G，网口状态：RGB
	以太网	1 × RJ45，支持千兆以太网
	光纤	1 × SFP
	天线	4 × 5G 天线（天线盒） 1 × C-V2X 主集 1 × C-V2X 分集 1 × GNSS 1 × Wi-Fi（和 C-V2X 分集天线复用）
	状态指示灯	电源状态：G，网口状态：RGB，故障状态：R，C-V2X 网络状态：G
	其他接口	1 × 恢复出厂设置按键 1 × USB type-C 1 × SIM 卡

（4）RSU 部件检查方法

RSU 部件检查包括零部件清点、编号检查、外观检查和参数核对四项工作，如图 4-5 所示，确保部件套装完整、领取无误且满足装车要求。

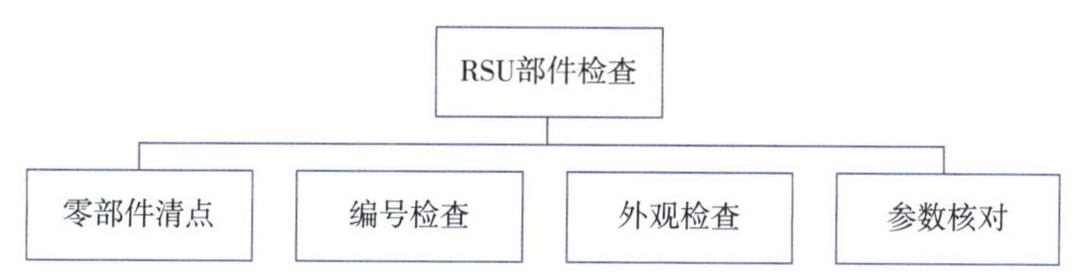

图 4-5 RSU 部件检查的工作项目

1）零部件清点

RSU 部件套装一般包含 RSU 部件本体和各种天线，如图 4-6 所示，一些 RSU 部件套装内还包含连接线束。检查时需根据产品技术手册仔细核对各零部件数量。

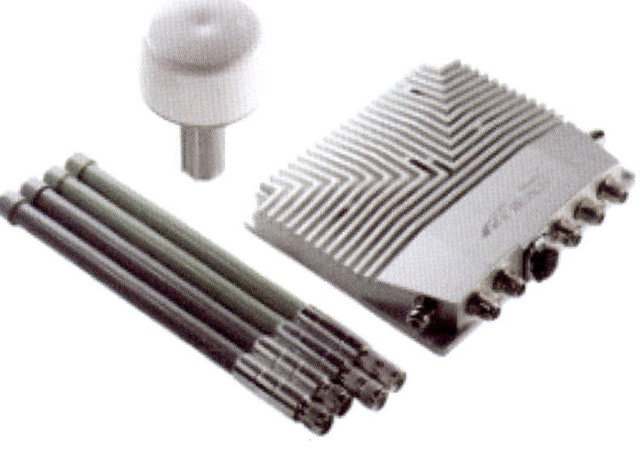

图 4-6 RSU 部件套装

2）编号检查

仔细检查 RSU 部件标签上的产品型号与零件号是否与技术手册（如装调任务书）上的信息一致，必要时可通过尺寸、颜色、材料等参数对部件进行确认。

3）外观检查

仔细检查 RSU 部件外观是否完好，是否存在污损、裂纹、磕碰痕迹与划痕，电气接口、天线接口是否清洁完好。

4）参数核对

认真检查核对部件附带的技术手册上的射频制式和频段、GNSS 制式、射频发射功率等是否与图纸或装调任务书上的一致。

2. 技能操作

（1）操作准备

准备技能操作所需的物料，见表 4–3。

表 4–3　物料准备

类别	所需物料
教学整车／实训平台	车路协同系统实训台架
仪器、设备、工具	车辆装调技术手册、RSU 技术手册、防护手套、紧固件（喉箍、螺栓等）、工作梯架、工具套装等

（2）RSU 功能解说

根据 RSU 技术手册，对 RSU 在车路协同系统中的功能进行解说，将过程记录在表 4–4 中。

表 4–4　工作记录表

序号	工作项目	工作内容	备注
1	开篇词	解说要点： 解说设计点／亮点： 解说词： 解说过程注意事项：	
2	业务功能	解说要点： 解说设计点／亮点：	

续表

序号	工作项目	工作内容	备注
2	业务功能	解说词： 解说过程注意事项：	
3	管理功能	解说要点： 解说设计点 / 亮点： 解说词： 解说过程注意事项：	
4	结束语	解说要点： 解说设计点 / 亮点： 解说词： 解说过程注意事项：	

（3）RSU 部件检查

根据技术手册对 RSU 部件进行安装前的检查，将工作过程记录在表 4-5 中。

表 4-5　工作记录表

序号	工作项目	工作内容	结果	备注
1	产品型号	是否与技术手册上的信息一致	是□　否□	
2	零件号	是否与技术手册上的信息一致	是□　否□	
3				
4				
5				
6				
7				
8				
9				
10				
11				
12				

二、RSU 安装部署

1. 知识学习

（1）RSU 硬件架构

RSU 内部的硬件主要包括主通信单元、其他通信单元、GNSS 单元、天线单元、运算单元、存储单元、加密单元、电源单元、外围单元等，如图 4-7 所示。

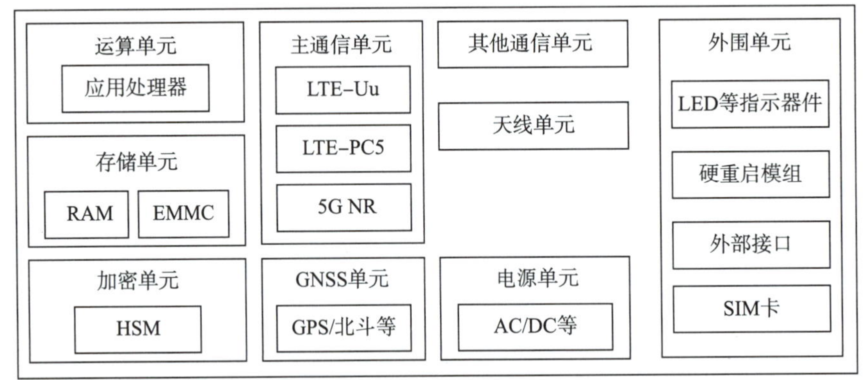

图 4-7　RSU 硬件架构

主通信单元支持 V2N 通信的 LTE-Uu 接口和 5G NR 接口，以及支持 V2I 通信的 LTE-PC5 接口。

其他通信单元根据业务需要可以提供以太网、光纤、Wi-Fi/BT USB 接口和串口，满足不同类型设备的本地接入需求。

GNSS 单元提供各种导航卫星系统，用于 RSU 的定位和授时。

天线单元针对不同的无线通信单元，提供相应的天线功能模组用于信号收发。

运算单元一般采用通用架构的应用处理器，如 Cortex 处理器等。

存储单元包含 RAM 与 EMMC，分别用于承载运算单元运行所需的实时数据和通过文件系统形式存储非易失性数据。

加密单元是提供实时硬件加密和验签的专用硬件，其中包含硬件安全模块（HSM）。

RSU 内部采用直流供电。RSU 外围供电可以接入 220 V 市电和 48 V 直流供电，也可根据环境需要采用以太网供电（PoE）或者利用光伏电瓶方式供电。

外围单元提供指示运行状态和电源状态所需的 LED 器件，以及告警所需的声光指示器件，此外，外围单元还提供调试用外部接口、SIM 卡、硬重启模组等硬件。

（2）RSU 端口

典型的 RSU 一般上端、下端、旁侧（一般为单侧）设有端口。以某型号 RSU 为例，其上端端口如图 4-8 所示，各端口及其说明见表 4-6。

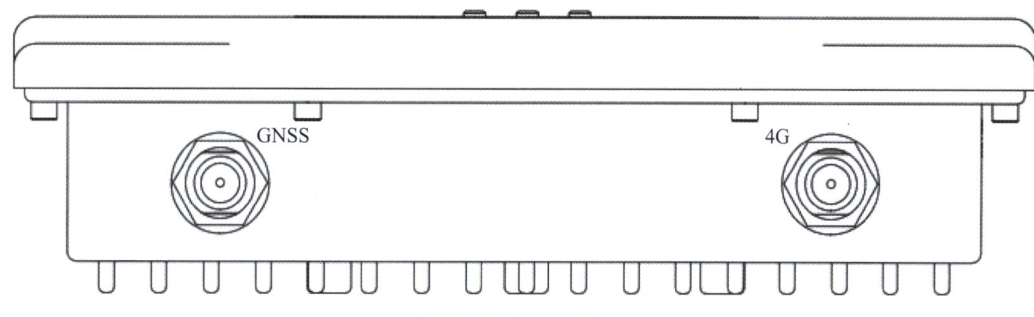

图 4-8　RSU 上端端口

表 4-6　RSU 上端端口及其说明

序号	端口	说明
1	GNSS	GNSS 天线接口
2	4G	4G 天线接口

RSU 下端端口如图 4-9 所示，各端口及其说明见表 4-7。

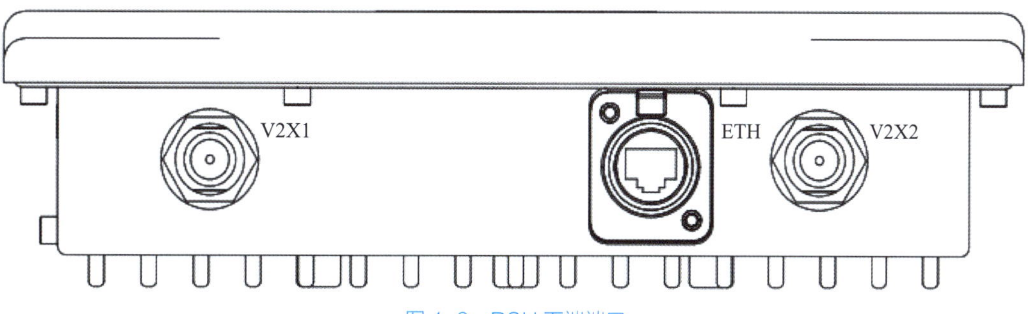

图 4-9　RSU 下端端口

情境一

表 4-7　RSU 下端端口及其说明

序号	端口	说明
1	V2X1	V2X 主天线接口
2	ETH	RJ45/PoE 接口
3	V2X2	V2X 副天线接口

RSU 左侧端口如图 4-10 所示，各端口及其说明见表 4-8。

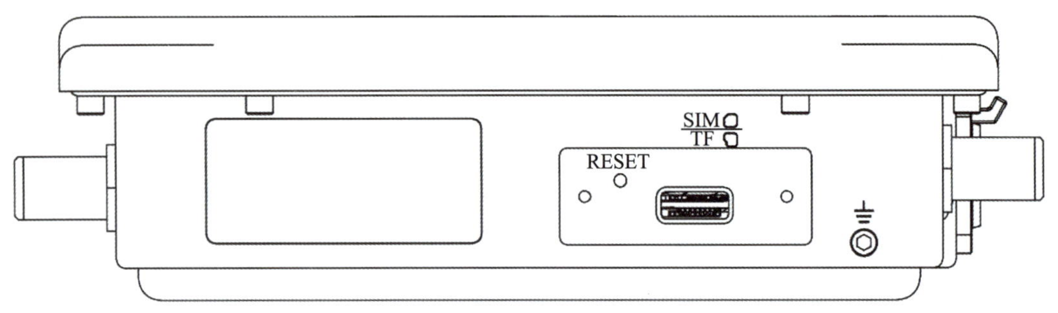

图 4-10　RSU 左侧端口

表 4-8　RSU 左侧端口及其说明

序号	端口	说明
1	SIM	SIM 卡槽
2	TF	TF 卡槽
3	RESET	强制重置按键，用于将设备配置初始化

（3）RSU 状态指示灯

典型的 RSU 状态指示灯一般有电源指示灯、运行状态指示灯、升级状态指示灯三种。以某型号 RSU 为例，其状态指示灯在设备前面，如图 4-11 所示，各状态指示灯及其说明见表 4-9。

图 4-11　RSU 状态指示灯

表 4-9　RSU 状态指示灯及其说明

序号	符号	名称	说明
1	PWR	电源指示灯	常亮：系统供电正常
2	STAT	运行状态指示灯	闪烁：系统工作正常
3	UPD	升级状态指示灯	闪烁：系统升级正常

（4）RSU 安装部署的方法

RSU 安装部署主要分为天线安装、支架安装、组件上杆、设备连接、软件部署、工作检查六个步骤，如图 4-12 所示。

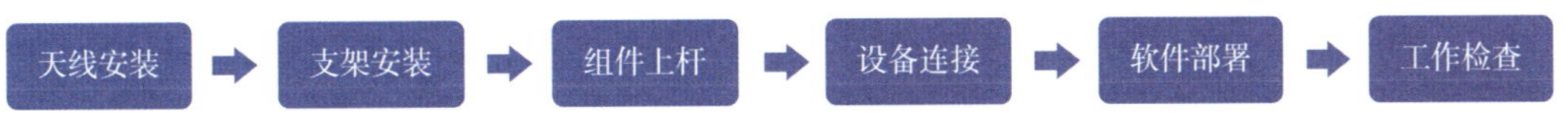

图 4-12　RSU 安装部署的步骤

1）天线安装

根据 RSU 技术手册，将 V2X 主副天线分别旋紧到 V2X1 和 V2X2 端口，将 GNSS 天线和 4G 天线分别旋紧到 GNSS 和 4G 端口，安装天线后的 RSU 组件如图 4-13 所示。

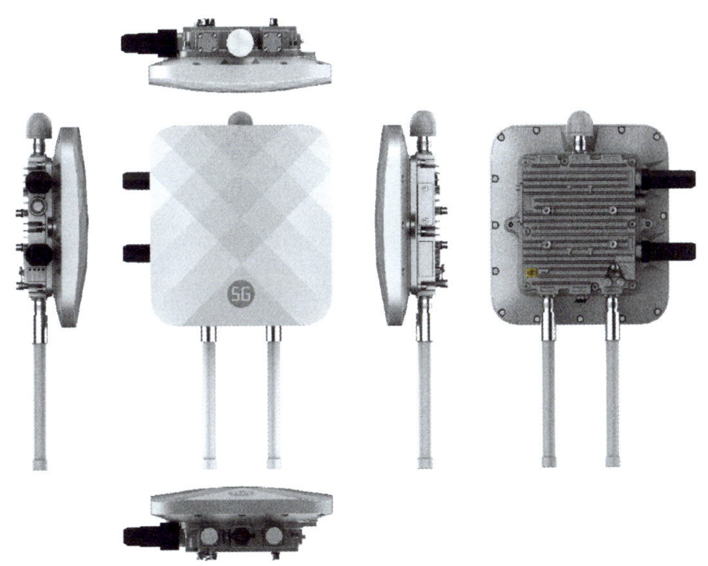

图 4-13　安装天线后的 RSU 组件

2）支架安装

一般将 RSU 安装在路侧竖杆或者横杆上，RSU 的安装方式有竖装、横装两种，如图 4-14 所示。

在进行 RSU 支架的安装前，应仔细阅读安装技术手册或图纸，确定 RSU 的安装方式，选择对应的支架安装方向，如果有不同的支架，则应正确选择对应的支架。

在具体安装时，以图 4-15 所示为例，使用 4 个固定规格的螺钉（如 M6 螺钉）将支架固定在 RSU 上。

a）

b）

图 4-14 RSU 的安装方式
a）将 RSU 竖装 b）将 RSU 横装

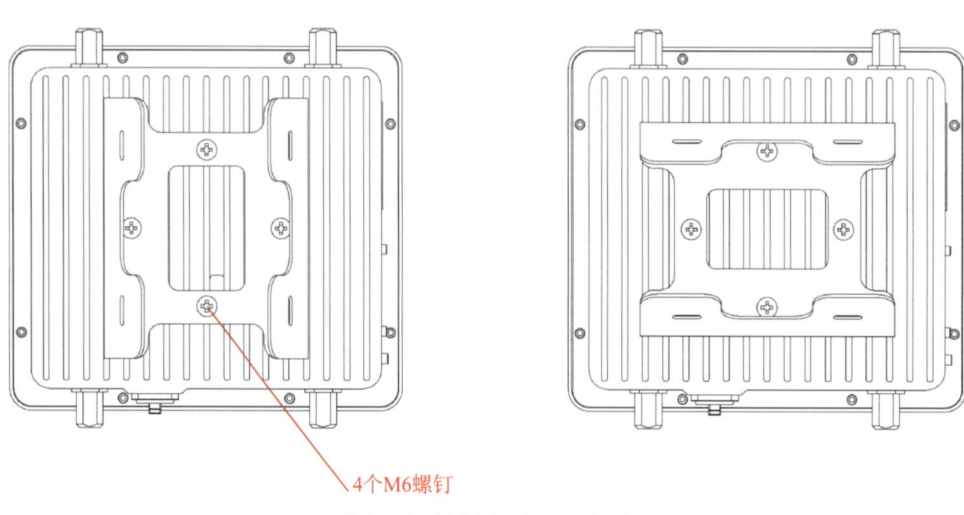

图 4-15 将支架固定在 RSU 上

3）组件上杆

将 RSU 与支架作为组件一起安装在路杆上，为保证实际通信效果，其离地高度一般不低于 3 m。

安装固定方式一般为采用喉箍、螺栓等。采用喉箍将 RSU 组件固定在竖杆和横杆上的示意图如图 4-16 所示，安装时应将喉箍锁紧，保证喉箍与横杆保持垂直。采用螺栓将 RSU 组件固定在横杆和竖杆上的示意图如图 4-17 所示，安装时应将螺栓紧固。

4）设备连接

根据技术手册中的供电方式连接供电、接地，连接网线或其他线束。设备连接后应进行线束整理和捆扎固定。

5）软件部署

在 RSU 设备连接完成后，打开软件系统装调环境，查看系统固件是否安装正常，查看软件版本是否符合技术手册要求。

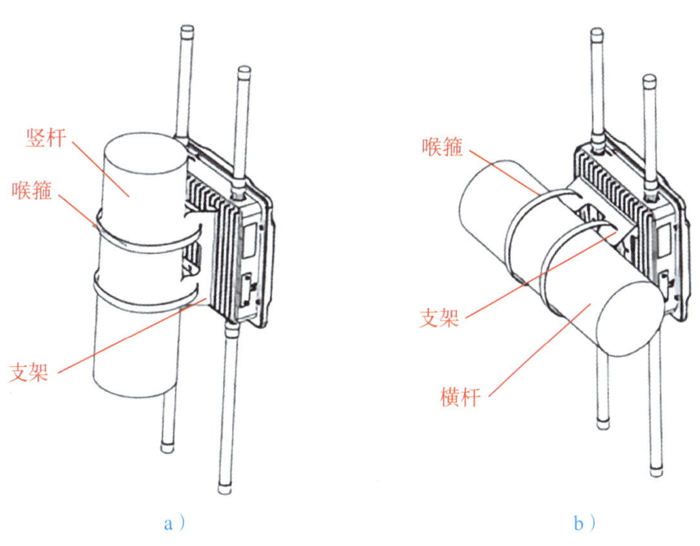

a）　　　　b）

图 4-16　采用喉箍固定 RSU 组件

a）竖装　b）横装

a）　　　　b）

图 4-17　采用螺栓固定 RSU 组件

a）横装　b）竖装

6）工作检查

对安装部署工作进行检查时应先通过状态指示灯查看 RSU 电源指示灯、运行状态指示灯是否正常，然后通过系统装调环境查看通信功能是否正常。注意将 RSU 竖装后，需检查其安装高度是否满足技术条件。

7）注意事项

安装部署 RSU 时需注意以下事项。

部件支持 4G/5G 通信业务时，安装前需正确插入 SIM 卡。

安装时应注意安装牢固可靠，螺栓扭矩应满足要求，喉箍应锁紧。

RSU 安装部署属于高空作业，其工作场景如图 4-18 所示，操作人员工作时应严格按照国家、企业相关规范、技术标准要求进行安装操作，严格树立人身安全意识，做好个人的安全保护措施，规范穿戴安装防护装备，系好安全带，将保险钩挂在上方的可靠物件上。对所安装的 RSU 设备做好安全防护措施，防止其跌落损坏。安装时在作业区域下方按照规定设置隔离栏、放置警示牌，主要用于保障途经车辆和行人的安全。

图 4-18 RSU 安装部署作业的工作场景

2. 技能操作

（1）操作准备

准备技能操作所需的物料，见表 4-10。

表 4-10 物料准备

类别	所需物料
教学整车 / 实训平台	智能网联实训整车或车路协同系统实训台架
仪器、设备、工具	车辆装调技术手册、RSU 技术手册、防护手套、工具套装等

（2）RSU 安装部署

根据技术手册安装部署 RSU，将工作过程记录在表 4-11 中。

表 4-11 工作记录表

序号	工作项目	工作内容	备注
1			
2			
3			
4			

续表

序号	工作项目	工作内容	备注
5			
6			
7			
8			
9			
10			
11			
12			
13			
14			
15			
16			

检查评估

对本任务的学习情况进行检查，并将相关内容填写在表 4–12 中。

表 4–12　检查表

检查项目	检查结果	结果点评
RSU 部件检查		
是否能准确解说 RSU 的定义与功能	是□　否□	
是否能解释 RSU 各参数的含义	是□　否□	
是否能完成 RSU 产品型号与零件号的核对	是□　否□	
是否能完成 RSU 安装前的检查工作	是□　否□	
RSU 安装部署		
是否能准确解说 RSU 硬件及其功能	是□　否□	
是否能辨认和检查 RSU 端口与状态指示灯	是□　否□	

续表

检查项目	检查结果	结果点评
RSU 支架是否符合安装方式（横装 / 竖装）要求	是□　否□	
安装部署工作检查是否完成	是□　否□	
整理及恢复		
工具、设备是否整理恢复	是□　否□	
实训工位是否打扫干净	是□　否□	
工作页是否填写完整	是□　否□	

任务小结

本任务小结如图 4–19 所示。

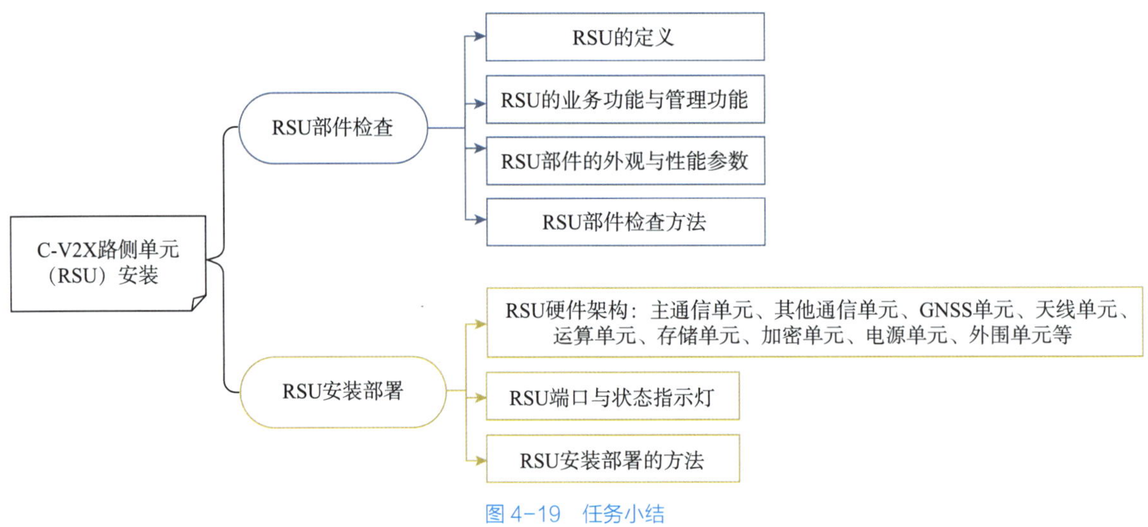

图 4–19　任务小结

任务五
智慧路杆部署

任务导入

场景： 某国产自主品牌汽车试制车间。

人物： 装调技师宋师傅、实习技师小张。

情境： 今天，试制车间宋师傅小组收到新的工作任务，要求在规定时间内完成一项车路协同测试项目的智慧路杆部署。小张之前在安装路侧单元（RSU）时注意到路杆上同时还有很多各种各样的传感器，看来通过今天的实习工作可以学习到它们的作用了。你是否也和小张一样感到好奇呢？现在请你随小张开始工作吧。

任务目标

▸ 能根据智慧路杆技术手册，规范完成智慧路杆的检查工作。

▸ 能根据车路协同系统技术手册和智慧路杆技术手册，与他人合作规范完成智慧路杆的部署与配置工作。

任务实施

一、智慧路杆检查

1. 知识学习

（1）路侧感知的定义与作用

路侧感知（roadside sensing，RS）是利用视觉传感器、毫米波雷达和激光雷达等多种传感器，结合边缘计算设备对道路交通参与者和路况信息进行实时感知获取，通过车联网按照约定的通信协议和数据交互标准，实现车－人－路－云间的信息交互和指令控制的车路协同技术。路侧感知使道路变得更加“智慧”，是车路协同系统的重要应用。采用激光雷达和毫米波雷达进行路侧感知的应用场景如图 5–1 所示。

a）

b）

图 5–1　路侧感知的应用场景

a）采用激光雷达进行路侧感知　b）采用毫米波雷达进行路侧感知

路侧感知主要有弥补车辆感知盲区、超视距感知辅助、路况信息采集分析三方面的作用。

1）弥补车辆感知盲区

智能网联汽车在传统汽车之上配装了前视摄像头、毫米波雷达、激光雷达等多种环境感知传感器，帮助驾驶员增强对道路状况的感知能力，其中包括探测驾驶员的视觉盲区。路侧感知可以使用路口边的传感器增强汽车的环境感知能力，有效提高驾驶安全性和路口通行效率。如图 5–2 所示，由于路口内大客车的视野阻挡，如果没有画面右上方的路侧感知系统为驾驶员提供及时预警，画面下方直行车辆的驾驶员及车载环境感知系统难以及时发现路口内准备左转的白色车辆，在这一路侧感知的应用场景中，系统有效地消除了路口内两车相撞的安全隐患。

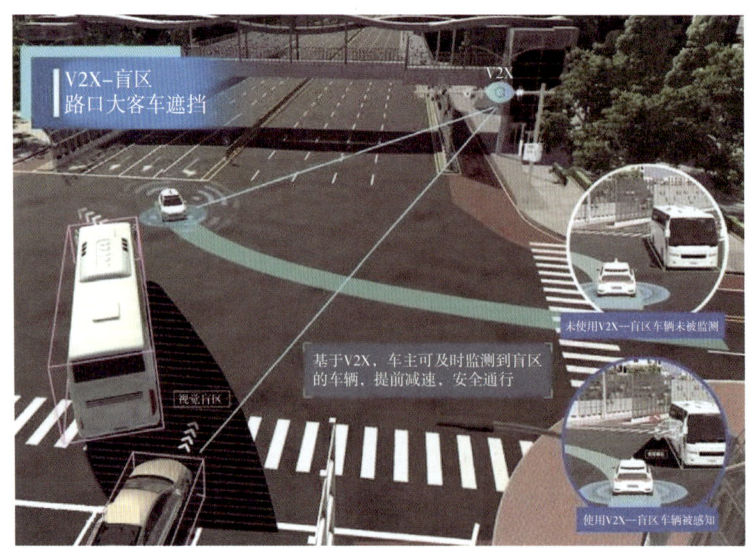

图 5–2　通过路侧感知弥补车辆感知盲区

2）超视距感知辅助

路侧感知可以第一时间为驾驶员提供远在驾驶员视野和车载传感器探测范围之外的道路环境实时信息，如前方拥堵提醒、交通事故提醒等。

3）路况信息采集分析

路侧感知可在相当大的交通区域内对道路交通环境进行监控和预测，如车流量统计、车辆违停检测、区间测速等，帮助交通管理部门进行实时车辆协同调度，可以有效地改善城市道路拥堵情况。

（2）智慧路杆的定义

智慧路杆又称智慧路灯，是在城市灯杆的基础上经改造升级，高度集成路侧感知系统，化多杆为一杆，支撑城市感知网络体系的智能交通设施。智慧路杆的应用场景如图 5-3 所示。

图 5-3　智慧路杆的应用场景

智慧路杆是城市车路协同系统中的重要基础设施，经过近年来的快速发展，在结合感知计算、边缘计算等技术为自动驾驶提供数据应用服务的基础上，不断集成众多公共设施的功能，目前最新的智慧路杆可以为市民提供智能设备充电、Wi-Fi 连接、紧急呼叫、环境监测、屏幕信息化交互等服务。由于功能差异、设备集成设计方案不同以及所在城市的街区风貌不同，各类智慧路杆的外观具有较大差异，如图 5-4 所示。

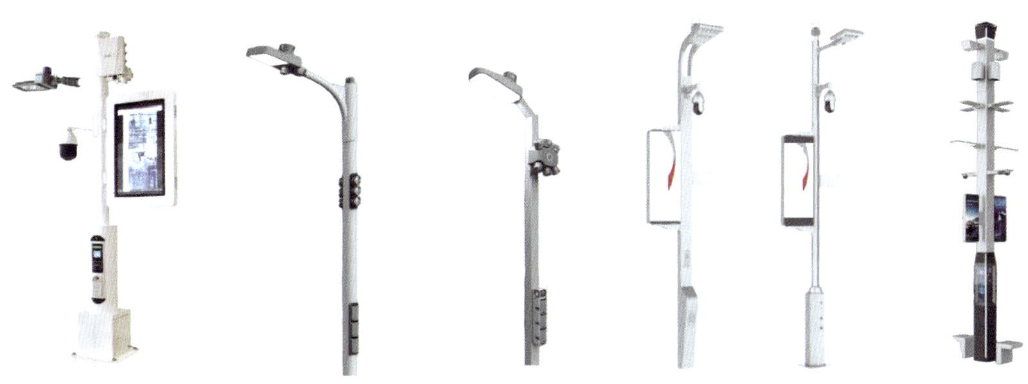

图 5-4　各类智慧路杆的外观

（3）智慧路杆的结构组成

智慧路杆的结构分为顶端、中部、底端三部分，以我国某自主品牌智慧路杆为例，其结构如图 5-5 所示。

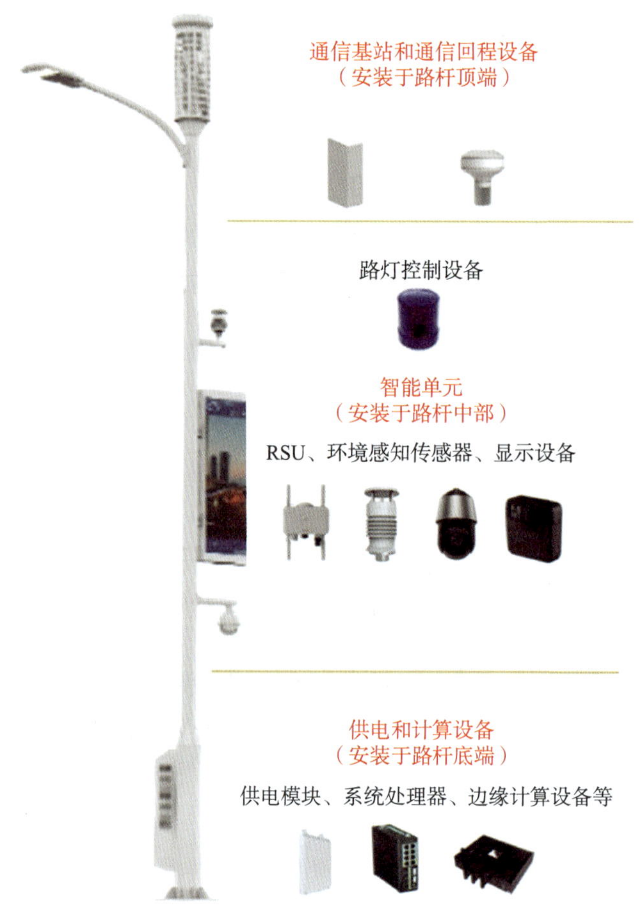

图 5-5　智慧路杆的结构（示例）

1）智慧路杆顶端一般集成有通信基站和通信回程（wireless backhaul）设备，保证路杆作为信息交互装置具有最强的通信能力。

2）智慧路杆中部安装部署有智能单元，包括路灯控制设备、RSU、环境感知传感器、显示设备四类部件。在智慧路杆的环境感知传感器中摄像头为基本配置，目前，“雷视”方案即摄像头与探测雷达组合的方案日益成为路侧感知部件的标配组合，用来实时感知目标的位置、速度和种类，进行交通参与者的目标识别与跟踪。其中，探测雷达包括激光雷达、毫米波雷达等。

3）智慧路杆底端安装部署有供电和计算设备，如供电模块、系统处理器与边缘计算设备等，用于保障系统正常运行、检测系统状态和保证交通数据分析处理的实时性。

智慧路杆在不同场合的功能需求存在差异，一些智慧路杆还集成有交通信号灯、交通信息显示牌、气象探测装置、太阳能电池、环境检测装置等部件，因此在实际工作中智慧路杆的结构组成以企业技术手册为准。

(4) 智慧路杆的检查方法

智慧路杆单杆检查主要包括零部件检查、电气检查、安装装置检查和运行检查四个步骤，如图5-6所示。

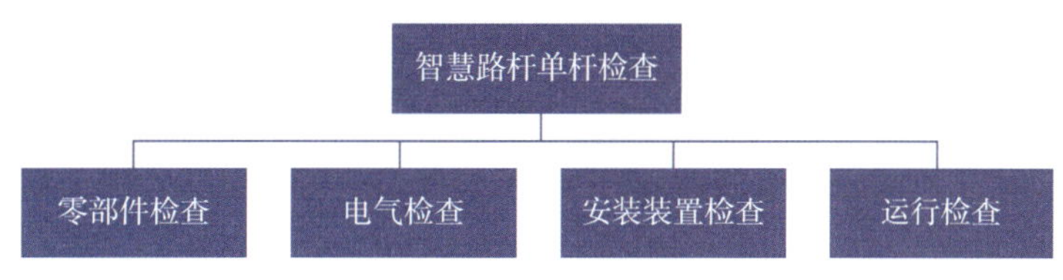

图5-6　智慧路杆单杆检查的步骤

1）零部件检查

根据产品技术手册从智慧路杆顶端、中部、底端三段分别查看各部件是否已完成安装、数量是否符合要求，各部件的安装位置、角度是否符合要求，各部件表面是否清洁、外观是否良好。

2）电气检查

检查电缆是否完好，电缆缠绕是否符合规范，电缆接头和电气接口是否完好，插接口是否无损坏、无油污。

3）安装装置检查

根据产品技术手册或图纸，检查智慧路杆底端装置是否完好。

对于用于开发测试的智慧路杆，为了便于其移动，在其底座设有万向轮装置，检查时需仔细检查每个万向轮是否转动和换向功能是否正常，锁止装置是否有效。

真实交通环境下应用的智慧路杆一般采用“螺栓固定＋地基式固定”的安装方式，该方式一般要先预埋路杆基础，再将路杆与基础通过法兰固定。典型的智慧路杆固定法兰如图5-7所示，检查法兰的尺寸、孔位间距与大小、法兰盘的厚度是否符合图纸要求，是否存在焊接裂纹等缺陷。

图5-7　典型的智慧路杆固定法兰

4）运行检查

根据技术手册对部件进行供电开机检查，查看设备供电是否正常，各项功能运行是否正常，系统状态指示灯是否正常，有无故障码，系统固件版本是否符合技术手册要求，是否需要进行软件系统更新。

2. 技能操作

(1) 操作准备

准备技能操作所需的物料，见表5-1。

表 5-1 物料准备

类别	所需物料
教学整车 / 实训平台	车路协同系统实训台架
仪器、设备、工具	智慧路杆技术手册、防护手套、工作梯架、工具套装、卡尺、直尺等

（2）智慧路杆检查

根据技术手册对车路协同系统的智慧路杆进行检查，将工作过程记录在表 5-2 中。

表 5-2 工作记录表

序号	工作项目	工作内容	备注
1			
2			
3			
4			
5			
6			
7			
8			
9			
10			
11			
12			
13			
14			
15			
16			

二、智慧路杆部署与配置

1. 知识学习

（1）路侧全域感知

路侧全域感知又称全息道路感知，是在路侧感知的基础上采用轻量感知、连续覆盖的方式，通过多根智慧路杆协同借助车联网实现车路协同辅助驾驶与自动驾驶的技术。路侧全域感知是依靠纯路侧感知实现车路协同自动驾驶的重要技术途径，是对现有车路协同技术的全面升级，只有以高可靠性、高准确率的路侧全域感知来加强车路协同的融合感知能力，才能更好地为自动驾驶提供安全保障。

路侧全域感知示意图如图 5-8 所示，在不使用车载传感器，仅依靠路侧轻量感知的前提下，实现连续覆盖感知，并利用 5G 等无线通信技术就可以实现“车 - 路 - 云”协同的自动驾驶。

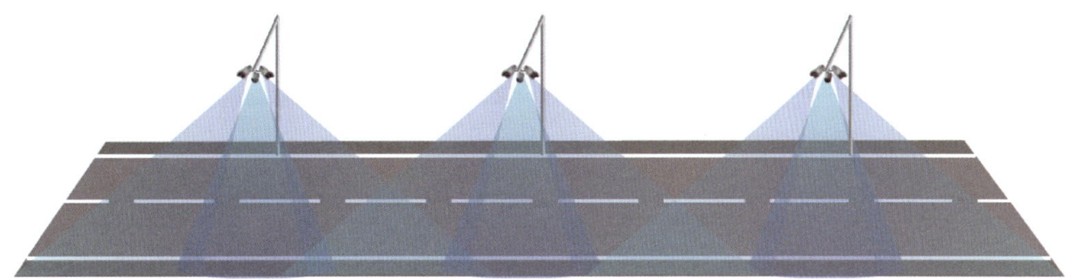

图 5-8　路侧全域感知示意图

（2）智慧路杆部署要点

智慧路杆部署的要点是根据设计方案或图纸确定智慧路杆感知区域的性质、覆盖范围、路杆数量、路杆位置、路杆作用、路杆架设朝向六个方面的信息。

1）案例一

以我国科技企业百度公司在位于北京市经济技术开发区的全球首个网联云控高级别自动驾驶示范区“北京市高级别自动驾驶示范区”建立的路口车路协同系统为例，如图 5-9 所示，图中白色虚线圈画的是位于十字路口路侧的 4 个横杆式智慧路杆。

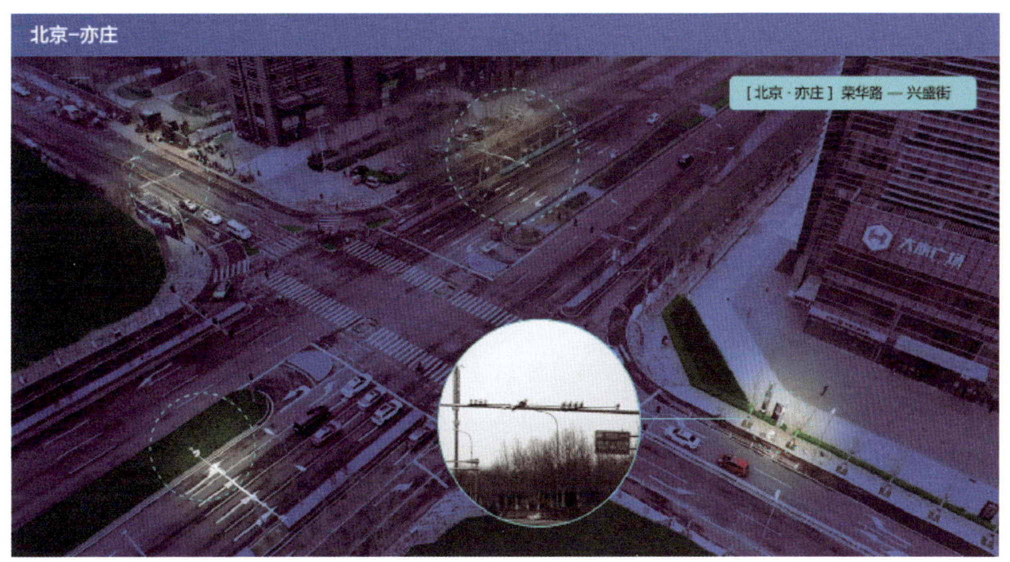

图 5-9　“北京市高级别自动驾驶示范区”路口车路协同系统智慧路杆的部署案例

该案例中感知区域的性质为城市交通十字路口，覆盖范围为十字路口以及各向车道周边区域，路杆数量为 4 根，分别位于 4 个进入路口的车道一侧，摄像头作为主要传感器采用双向架设，即不同数量的摄像头分别朝向路口与背向路口，将相关要点从技术手册中提取后汇总至专用表格内，见表 5-3。

表 5-3　案例一中智慧路杆部署的要点

类别	内容
感知区域的性质	城市交通十字路口
覆盖范围	十字路口以及各向车道周边区域
路杆数量	4 根
路杆位置	4 个进入路口的车道一侧
路杆作用	路面交通环境感知
路杆架设朝向	摄像头作为主要传感器采用双向架设

2）案例二

以某车路协同测试项目为例，其智慧路杆的部署方案如图 5-10 所示，该项目中智慧路杆集成有交通信号灯等。

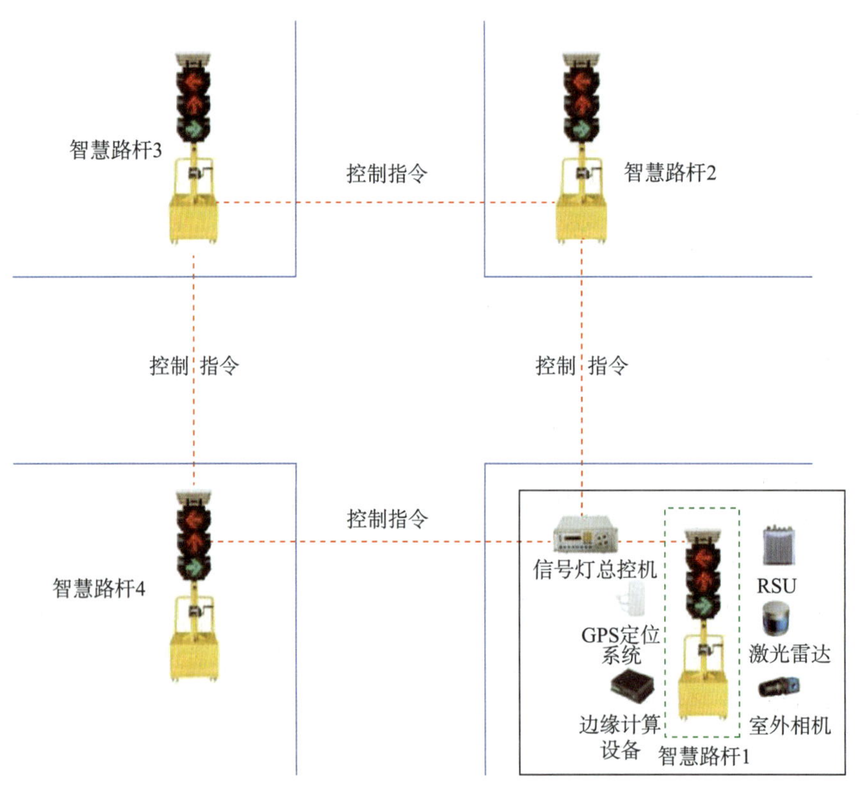

图 5-10　某车路协同测试项目中智慧路杆的部署方案

各路口分别部署一个智慧路杆，其中智慧路杆 1 搭载信号灯总控机、环境感知系统、RSU、GPS 定位系统和边缘计算设备。信号灯总控机负责控制本路口所有的交通信号灯，同时负责实时读取信号灯当前状态。环境感知系统包括激光雷达、室外相机，利用多传感器融合技术，将激光雷达与室外相机进行融合，实时获取准确的交通参与者信息，包括盲区检测信息、障碍物识别信息、轨迹信息、速度信息、位置信息等。RSU 负责与车辆、云平台进行信息通信。智慧路杆 2、智慧路杆 3、智慧路杆 4 均只搭载信号灯，被动接收信号灯总控机的控制指令并实时发送信号灯当前状态信息。

该测试项目中智慧路杆部署的要点见表 5-4。

表 5-4　案例二中智慧路杆部署的要点

类别	内容
感知区域的性质	测试场中的交通十字路口
覆盖范围	十字路口以及各向车道周边区域
路杆数量	4 根
路杆位置	4 个进入路口的车道一侧
路杆作用	智慧路杆 1 进行路面交通环境感知、各路口交通信号灯的集中控制，智慧路杆 2、智慧路杆 3、智慧路杆 4 的交通信号灯受控于智慧路杆 1，实时发送自身交通信号灯的状态信息
路杆架设朝向	以交通信号灯面对的方向设定路杆朝向，交通信号灯需对来向车辆清晰可见

（3）智慧路杆配置

智慧路杆配置主要包括启用项选择和部件配置两个步骤。

1）启用项选择

在设备配置界面，根据对每个智慧路杆预先设定好的编号，通过点选等方式逐个检查智慧路杆是否正常启用。

2）部件配置

各个部件的基本配置为 ID/IP/ 端口、传感器名称、位置，其中位置由部件所在路杆安装位置的经纬度和海拔表示。对于需要特定探测角度的传感器，将俯仰角和横向倾角的角度输入系统。对于交通信号机需设置路口编号、交通信号相关信息。对于气象检测器需设置事件半径、气象设备类型。对于边缘计算设备需设置智慧路杆编号、系统用户信息。

2. 技能操作

（1）操作准备

准备技能操作所需的物料，见表 5-5。

表 5-5　物料准备

类别	所需物料
教学整车 / 实训平台	车路协同系统实训台架
仪器、设备、工具	车路协同系统技术手册、智慧路杆技术手册等

（2）智慧路杆部署与配置

根据技术手册对车路协同系统的智慧路杆进行部署与配置，将工作过程记录在表 5-6 中。

表 5-6　工作记录表

序号	工作项目	工作内容	备注
1			
2			
3			
4			
5			
6			
7			
8			
9			
10			
11			
12			
13			
14			
15			
16			

检查评估

对本任务的学习情况进行检查，并将相关内容填写在表 5-7 中。

表 5-7　检查表

检查项目	检查结果	结果点评
智慧路杆检查		
是否能准确解说路侧感知的定义与作用	是□　否□	
是否能准确解说智慧路杆的定义与结构组成	是□　否□	

续表

检查项目	检查结果	结果点评
是否能完成智慧路杆安装装置检查	是□　否□	
是否能完成智慧路杆运行检查	是□　否□	
智慧路杆部署与配置		
是否能准确解说路侧全域感知的定义	是□　否□	
是否能在技术手册中提取智慧路杆部署要点	是□　否□	
是否能完成智慧路杆的配置	是□　否□	
整理及恢复		
工具、设备是否整理恢复	是□　否□	
实训工位是否打扫干净	是□　否□	
工作页是否填写完整	是□　否□	

任务小结

本任务小结如图 5-11 所示。

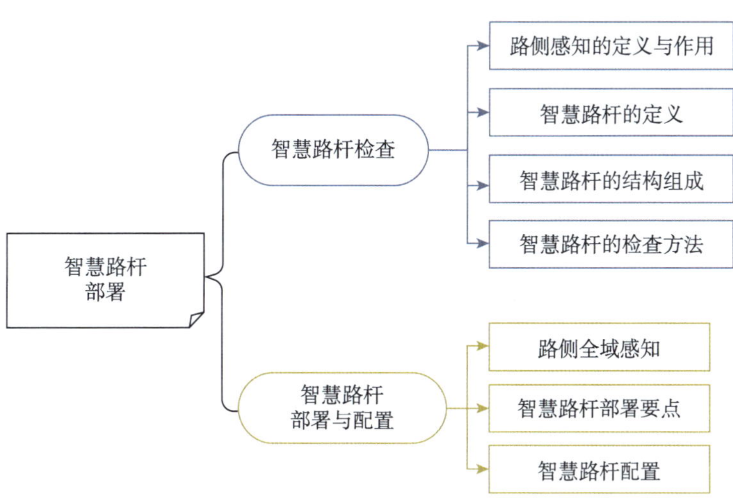

图 5-11　任务小结

任务六 智慧路杆传感器装调

任务导入

场景：某国产自主品牌汽车试制车间。

人物：装调技师宋师傅、实习技师小张。

情境：试制车间宋师傅带领小张完成了智慧路杆的部署，接下来的新任务是完成智慧路杆的组装工作。宋师傅告诉小张："摄像头、毫米波雷达、激光雷达是智慧路杆常用的感知部件，其安装调试工作非常重要，因此要格外认真地学习掌握。"你知道这些传感器是如何安装在智慧路杆上的吗？现在请你随小张开始工作吧。

任务目标

- 能根据智慧路杆技术手册和摄像头技术手册，与他人合作规范完成摄像头装调工作。
- 能根据智慧路杆技术手册和毫米波雷达技术手册，与他人合作规范完成毫米波雷达装调工作。
- 能根据智慧路杆技术手册和激光雷达技术手册，与他人合作规范完成激光雷达装调工作。

任务实施

一、智慧路杆摄像头装调

1. 知识学习

（1）摄像头的作用和分类

在车路协同系统中，智慧路杆环境感知系统一般以摄像头为基础配置，如图 6–1 所示，该智慧路杆安装有两个摄像头，其作用是利用视觉感知的方式对道路交通环境进行实时检测和视觉识别。

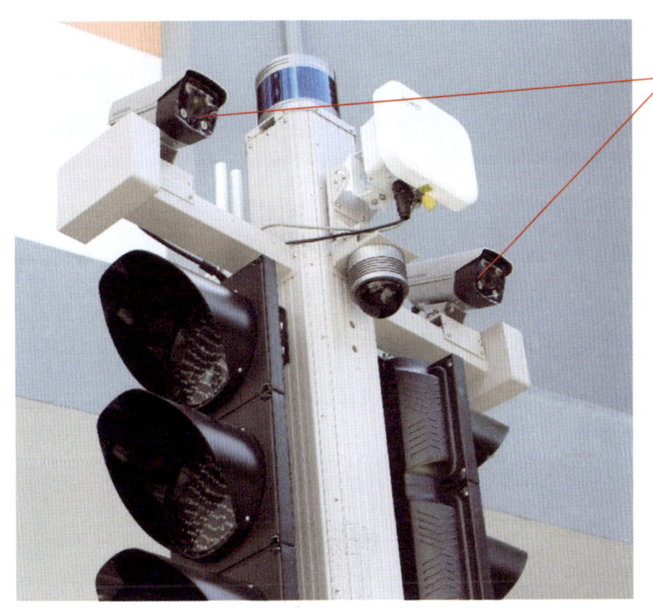

图 6-1　智慧路杆摄像头

智慧路杆常用的摄像头有两种，分别为枪式摄像头和全景摄像头，如图 6-2 所示。枪式摄像头具备全量、全结构化精准检测以及全要素态势感知能力，支持精密参数标定服务，图像处理时延小于 90 ms。全景摄像头支持畸变校正与坐标转换，视场角可以达到 150°，图像处理时延小于 140 ms。通过枪式摄像头与全景摄像头的协同部署可以实现城市道路或高速场景下全要素、全场景的精准感知。

a）　　b）

图 6-2　智慧路杆常用的摄像头

a）枪式摄像头　b）全景摄像头

（2）摄像头装调的方法

智慧路杆摄像头装调分为部件安装、角度调整、电气连接和安装检查四个步骤。

1）部件安装

智慧路杆摄像头的安装位置一般位于路杆中部偏上方，离地高度一般不低于 3 m。

以枪式摄像头的安装为例，将枪式摄像头安装在智慧路杆上，安装组件有三个，分别是摄像头、可调节支架与喉箍，如图 6-3 所示。

情境一

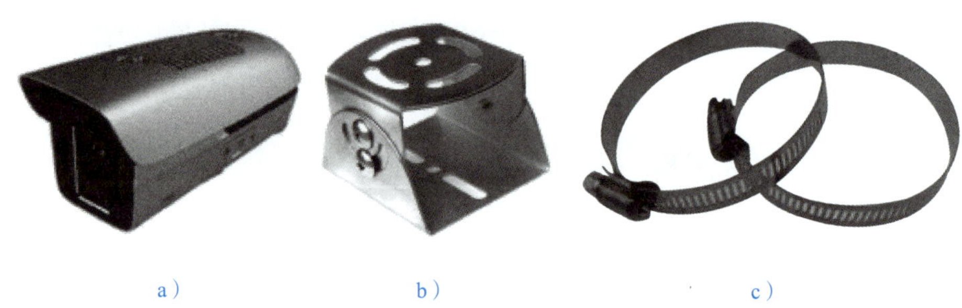

图 6-3　摄像头安装组件

a）摄像头　b）可调节支架　c）喉箍

将摄像头与可调节支架（万向节）上端面通过螺栓进行连接，将喉箍穿入可调节支架下端面长孔中，将整个组件固定到智慧路杆相应位置，如图 6-4 所示。

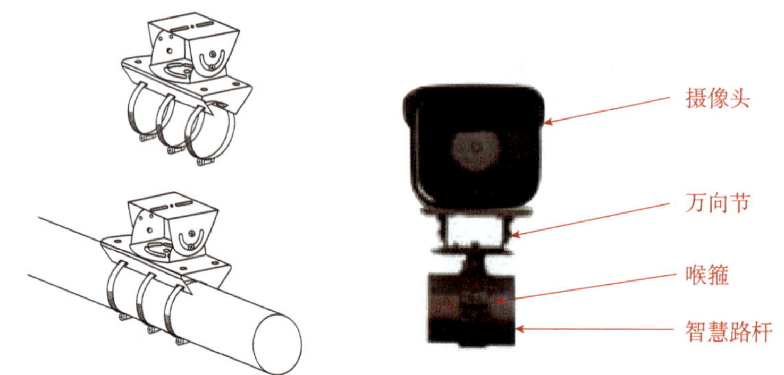

图 6-4　摄像头组件的安装

2）角度调整

以枪式摄像头的安装为例，枪式摄像头安装角度需满足技术手册要求，镜头朝向要求对准探测区域。

调整方法为用工具控制可调节支架的角度，用水平仪和测角器进行角度测量。角度调整完毕，紧固组件各处螺栓。

3）电气连接

连接摄像头电源线、数据线等线束，线路走向应平顺，符合路杆引线埋线要求。

4）安装检查

检查摄像头安装是否牢固，角度是否调节到位，线束是否插接牢靠，镜头是否清洁。启动系统，查看摄像头是否可以正常工作，成像画面是否为预计的探测区域。

2. 技能操作

（1）操作准备

准备技能操作所需的物料，见表 6-1。

表 6-1　物料准备

类别	所需物料
教学整车 / 实训平台	车路协同系统实训台架
仪器、设备、工具	智慧路杆技术手册、摄像头技术手册等

（2）智慧路杆摄像头装调

根据技术手册安装与调试智慧路杆摄像头，将工作过程记录在表 6-2 中。

表 6-2　工作记录表

序号	工作项目	工作内容	备注
1			
2			
3			
4			
5			
6			
7			
8			
9			
10			
11			
12			
13			
14			
15			
16			

二、智慧路杆毫米波雷达装调

1. 知识学习

（1）毫米波雷达的作用

毫米波雷达具有探测距离远、测速精度高、集成度高、受天气条件影响较小等特点，在车路协同系统中应用广泛。随着车路协同技术的发展，适用于多种场景感知的毫米波雷达产品不断涌现，如交通场景雷达、智能检测雷达等，为道路管理、车端决策提供实时场景信息，在车路协同系统中发挥着不可替代的作用。以图 6–5 所示为例，毫米波雷达安装于智慧路杆靠近顶端的位置。

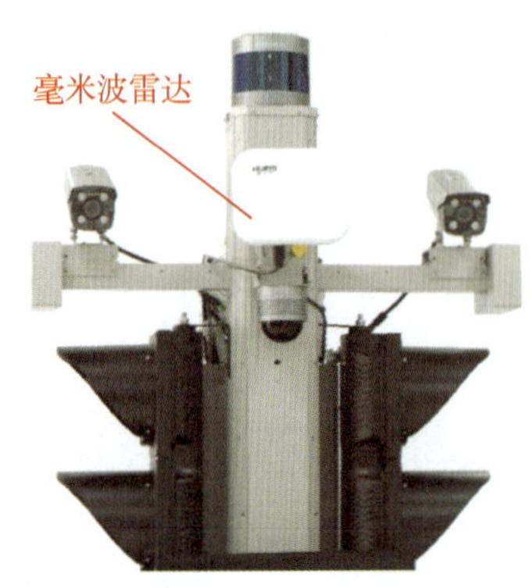

图 6–5 毫米波雷达安装位置示意图

（2）毫米波雷达的装调方法

毫米波雷达装调分为部件安装、雷达校准、电气连接和安装检查四个步骤。

1）部件安装

毫米波雷达的安装角度和位置如图 6–6 所示，毫米波雷达在 *Z* 方向的探测角度一般只有 ±5°，雷达安装太高会导致下盲区增大，太低又会导致雷达波束射向地面后，经地面反射带来杂波干扰，影响雷达的判断。因此，雷达架设高度应与交通信号灯的横杆一致，需将雷达横向倾角和俯仰角调整为 0°，使雷达正面朝向来车方向。

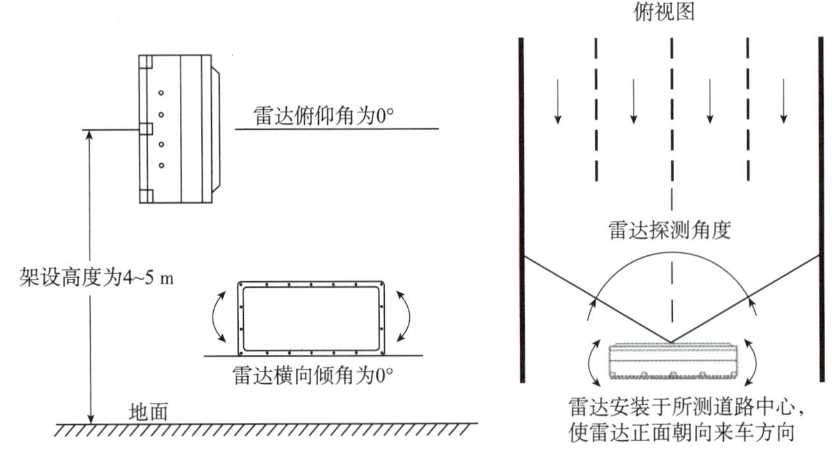

图 6–6 毫米波雷达的安装角度和位置

注意毫米波雷达与周边部件的距离要大于 1 cm，确保部件周围空气流通、散热正常。注意毫米波雷达勿颠倒安装，安装前查看部件外壳指示箭头朝向是否符合技术手册中对于部件安装朝向的要求。

2）雷达校准

利用水平仪测量并确认雷达安装角度在技术手册允许的范围之内，如果不满足要求，可通过调节螺栓进行调整。

打开诊断设备，开启校准界面，分别针对垂直和水平两个方向先后单击“校准”按钮，直到校准进度条达到 100%。

3）电气连接

连接毫米波雷达电源线、数据线等线束，线路走向应平顺，符合路杆引线埋线要求。

4）安装检查

检查毫米波雷达安装是否牢固，角度是否调节到位，线束是否插接牢靠，表面是否清洁。启动系统，查看毫米波雷达是否可以正常工作。

2. 技能操作

（1）操作准备

准备技能操作所需的物料，见表 6-3。

表 6-3　物料准备

类别	所需物料
教学整车 / 实训平台	车路协同系统实训台架
仪器、设备、工具	智慧路杆技术手册、毫米波雷达技术手册等

（2）智慧路杆毫米波雷达装调

根据技术手册安装与调试智慧路杆毫米波雷达，将工作过程记录在表 6-4 中。

表 6-4　工作记录表

序号	工作项目	工作内容	备注
1			
2			
3			
4			
5			
6			
7			
8			
9			
10			
11			

情境一

续表

序号	工作项目	工作内容	备注
12			
13			
14			
15			
16			

三、智慧路杆激光雷达装调

1. 知识学习

（1）激光雷达的作用和分类

激光具有无接触、速度快、效率高、精度高等特点，激光能量在时间和空间上高度集中，能在极小区域内产生极高的温度，主要用于激光打孔、激光切割、激光焊接、激光热处理等。激光雷达具有高精度、高分辨率、隐藏性好、抗干扰能力强等优点，能精确测量目标的位置、形状及状态等，达到探测、识别、跟踪目标的目的。将激光雷达架设在大型十字路口的智慧路杆上，可对周边车辆视觉盲区提供有效的信息补充，提升驾驶安全性。同时，也可将采集到的信息通过智能交通站牌、手机 App 进行发布，让更多交通参与者提前获取车辆运行信息。

随着激光雷达需求的不断增大，激光雷达的种类日益增多，按照功能、结构、线束、探测方式、发射波形等可将其分为不同的类型，如图 6-7 所示。

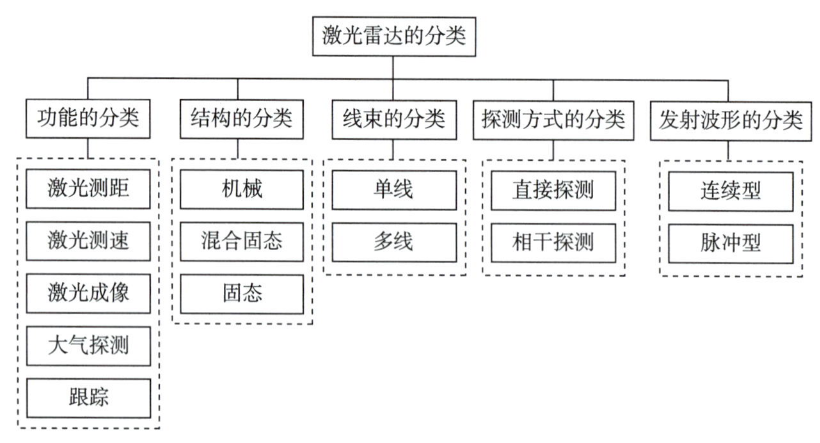

图 6-7　激光雷达的分类

（2）激光雷达的装调方法

激光雷达装调分为部件安装、角度调整、电气连接和安装检查四个步骤。

1）部件安装

由于激光雷达可 360° 探测环境，一般将其安装于设备上相对较高的位置。安装时将激光雷达有线束端朝后并固定。

2）角度调整

使用水平仪调整安装基座角度并紧固，调整其横向倾角为 0°、俯仰角为 0°~15°，可根据实际安装环境调整，精度误差控制在 2° 以内。

3）电气连接

激光雷达与接线盒之间要插接牢靠。线路走向应平顺，符合路杆引线埋线要求。

4）安装检查

检查激光雷达安装是否牢固，角度误差是否满足要求，线束是否插接牢靠，雷达罩表面是否清洁。启动系统，通过点云数据查看激光雷达是否可以正常工作。

2. 技能操作

（1）操作准备

准备技能操作所需的物料，见表 6-5。

表 6-5　物料准备

类别	所需物料
教学整车 / 实训平台	车路协同系统实训台架
仪器、设备、工具	智慧路杆技术手册、激光雷达技术手册等

（2）智慧路杆激光雷达装调

根据技术手册安装与调试智慧路杆激光雷达，将工作过程记录在表 6-6 中。

表 6-6　工作记录表

序号	工作项目	工作内容	备注
1			
2			
3			
4			
5			
6			
7			
8			

情境一

续表

序号	工作项目	工作内容	备注
9			
10			
11			
12			
13			
14			
15			
16			

检查评估

对本任务的学习情况进行检查，并将相关内容填写在表 6-7 中。

表 6-7　检查表

检查项目	检查结果	结果点评
智慧路杆摄像头装调		
是否能准确解说摄像头的作用和分类	是□　否□	
是否能完成摄像头部件安装	是□　否□	
摄像头角度是否符合技术规范	是□　否□	
摄像头镜头是否清洁	是□　否□	
智慧路杆毫米波雷达装调		
是否能完成毫米波雷达部件安装	是□　否□	
是否能完成毫米波雷达角度调整与校准	是□　否□	
是否能完成毫米波雷达全部安装检查工作	是□　否□	
智慧路杆激光雷达装调		
是否能完成激光雷达部件安装	是□　否□	
激光雷达角度是否符合技术规范	是□　否□	
是否能完成激光雷达全部安装检查工作	是□　否□	

续表

检查项目	检查结果	结果点评
整理及恢复		
工具、设备是否整理恢复	是□　否□	
实训工位是否打扫干净	是□　否□	
工作页是否填写完整	是□　否□	

任务小结

本任务小结如图 6–8 所示。

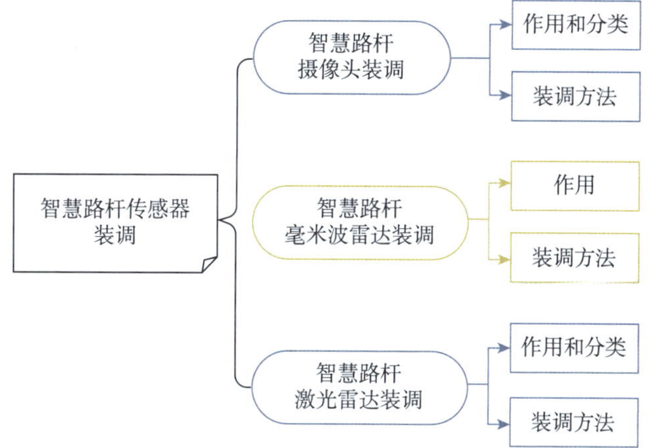

图 6–8　任务小结

任务七 云控平台测试与边缘计算系统部署

任务导入

场景：某国产自主品牌汽车试制车间。

人物：装调技师宋师傅、实习技师小张。

情境：在这次车路协同系统装调工作中，宋师傅带领小张完成了系统通信和传感部分的装调，今天宋师傅将带领小张安装车路协同系统的“大脑”。小张听说过车路协同系统要用到“云”，那么“云”是什么概念呢？你是否也感到好奇？现在请你随小张开始工作吧。

任务目标

- 能根据车路协同系统与云控平台技术手册，与他人合作规范完成云控平台测试工作。
- 能根据车路协同系统与边缘计算系统技术手册，与他人合作规范完成边缘计算系统部署工作。

任务实施

一、云控平台测试

1. 知识学习

（1）云计算与边缘计算

车路协同系统的基础架构由“聪明的车＋智慧的路＋融合的云”组成，该系统使用云计算（cloud computing）与边缘计算技术，通过车、路、云一体化融合控制，面向交通应用提供安全、高效的出行服务。

1）云计算

车路协同系统所使用的云计算服务来自一个广泛的远程服务器网络，多个服务器通过计算机网络存储和管理车辆与交通数据、运行车路协同应用程序，并提供交通信息收发、交通信号灯控制、碰撞预警、车辆控制等车路协同服务。

云计算的优势是计算资源利用率高、运行维护等工作效率高、数据集中、适用于车联网等网络环境，可避免在路侧建立大型计算设施的成本与占地等问题，利于服务分布式、广区域、大范围用户，便于大数据与人工智能技术应用。云计算的劣势是严重依赖于网络、存在数据安全隐患、不能满足数据实时处理的诉求。

2）边缘计算

边缘计算系统是指分布在靠近物体或数据源头的网络边缘侧，提供实时数据处理、分析决策的小规模云控数据中心。

云计算与边缘计算工作机制的对比如图 7-1 所示，在边缘计算中，物联网终端设备产生的数据不需要再传输至遥远的云控数据中心处理，而是就近即在网络边缘侧完成数据分析和处理，相较于云计算更加高效和安全。

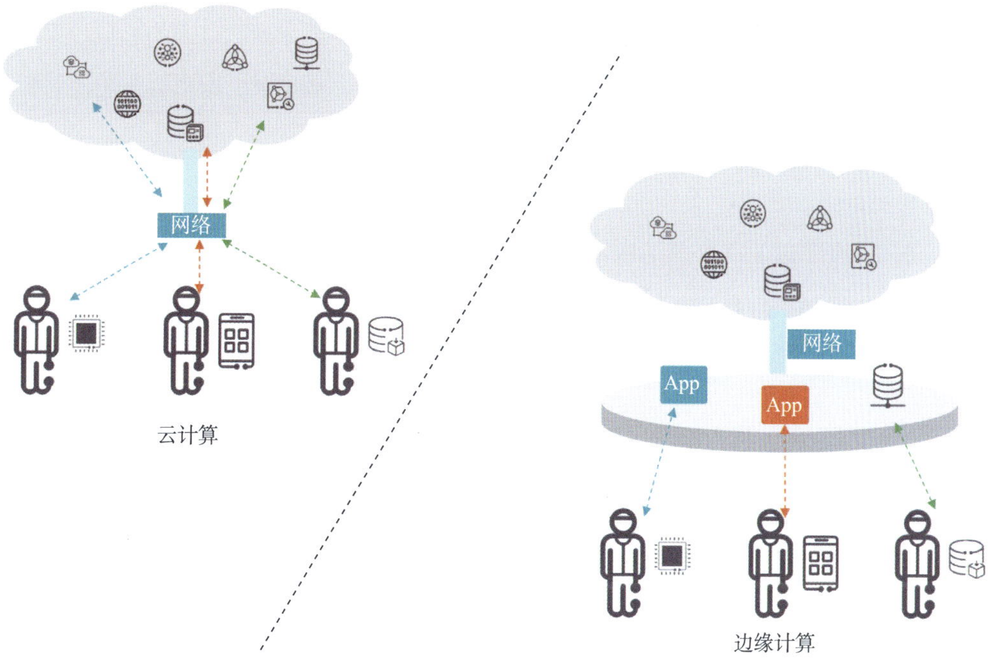

图 7-1　云计算与边缘计算工作机制的对比

边缘计算与云计算优势互补，两者的对比见表 7-1。

表 7-1　边缘计算与云计算的对比

项目	边缘计算	云计算
计算方式	分布式计算，聚焦实时、短周期数据的分析	集中式计算，依赖云控数据中心

情境一

续表

项目	边缘计算	云计算
处理位置	靠近产生数据的终端设备或物联网关	云控数据中心
时延性	低	高
可靠性	高	低，存在网络连接故障等隐患
带宽要求	低，通过减少发送到云端的数据量，降低对传输和存储数据的带宽需求	高，要求大的传输带宽
数据传输	只向远端传输有用的处理信息，无冗余信息	传输采集到的所有信息
部署成本	低	高
隐私安全	隐私性和安全性较高	隐私性和安全性相对较低，需要高度关注

（2）车路协同系统分级云控

车路协同系统的功能主要体现在两个方面：局部交通的快速协同、全局交通的综合管控。

为了实现以上目标，车路协同系统中的部分信息在本地快速处理，并快速通知到周边车辆，一般在道路边缘、车辆和道路附近部署实施云控系统；另外一部分信息要汇聚到区域或中心云控系统，用于区域或全局数据分析与交通流管控。因此，车路协同系统采用分级云控技术方案，分为边缘云控、区域云控和中心云控三级。

边缘云控利用移动边缘计算技术将计算、决策能力向网络边缘迁移，实现局部交通协同的分布式、本地化部署，进而可以通过 V2X 技术为区域内行驶的车辆提供低时延的车路协同服务。采用边缘计算技术，可以将敏感数据或隐私信息控制在区域内部，同时降低回传网络的负载压力。通过边缘计算和 V2X 技术的联合部署，可以实现安全预警、车速引导、信号协同、动态高精度地图制作与播发、车辆感知能力补充、危险驾驶行为提醒、多车行驶路径协同等云控应用。

区域云控与中心云控对 V2X 网络收集汇总得到的交通数据进行大数据分析，通过平台强大的计算和存储能力，分析交通数据构建模型，为交通管控决策和流程优化提供数据支撑。中心云控还可以利用大数据技术的加工能力，挖掘车辆在具体交通场景下的个性化信息需求，结合 V2X 技术的快速通信能力为车辆提供场景化的增值服务。通过区域计算与中心计算分别与 V2X 技术的联合部署，可以实现交通事故的分析与预测、交通流量的动态预测、出行需求的预测与运力匹配、道路管理策略的远程配置、个性化信息服务等云控应用。

车路协同系统分级云控技术方案中各级云控系统的特点与典型应用见表 7–2。

表 7-2　各级云控系统的特点与典型应用

名称	特点	典型应用
边缘云控	提供低时延的车路协同服务 保护敏感数据或隐私信息	安全预警、车速引导、信号协同、动态高精度地图制作与播发、车辆感知能力补充、危险驾驶行为提醒、多车行驶路径协同等
区域云控	计算和存储能力强大	小区域 / 大范围、多车 / 整个城市交通系统下的交通事故的分析与预测、交通流量的动态预测、出行需求的预测与运力匹配、道路管理策略的远程配置、个性化信息服务、场景化的增值服务等
中心云控	计算和存储能力强大 普遍应用大数据技术	

（3）云计算服务的服务模式与服务内容

云计算服务在服务模式（service model）上主要分为三种，分别是 IaaS（基础架构即服务）、PaaS（平台即服务）和 SaaS（软件即服务）。

1）IaaS（基础架构即服务）

IaaS（infrastructure as a service）是云计算服务的最基本类别。使用 IaaS 时，IaaS 以即用即付的方式，通过互联网提供对服务器、数据存储等基本计算资源的按需访问。相比于 PaaS 和 SaaS，IaaS 为用户提供对云计算资源最低级别的控制方式。

2）PaaS（平台即服务）

PaaS（platform as a service）云服务商为使用者按需提供包含硬件、服务器、存储器、操作系统软件、中间件、数据库的平台，用于运行、开发和管理应用程序，无须在本地维护该平台，从而降低了成本和复杂性，提升了灵活性。

3）SaaS（软件即服务）

SaaS（software as a service）也称基于云的软件或云应用程序。在该服务模式下，用户可以通过网页（Web）浏览器、专用桌面客户端、与桌面或移动操作系统集成的应用程序编程接口（API）进行访问。

SaaS 具有以下突出优势：自动升级，用户可以在云服务商添加新功能后立即使用这些功能，无须协调内部升级；防止数据丢失，由于 SaaS 将应用程序数据与应用程序一起存储在云中，因此用户在设备崩溃或损坏时不会丢失数据。提供 AI 服务的云计算服务多数采用 SaaS 服务模式。

IaaS（基础架构即服务）、PaaS（平台即服务）和 SaaS（软件即服务）三类服务模式的对比如图 7-2 所示。

我国某知名科技公司针对车路协同系统提出的各类云计算服务的服务模式和服务内容见表 7-3。

（4）云控平台的结构组成

车路协同系统总体技术架构分为感知层、云控平台和用户层三部分，如图 7-3 所示，图中右侧部分为这三部分的具体功能展示。云控平台介于感知层与用户层之间，在功能上提供感知层的数据接入，利用各种业务引擎发挥监控管理等作用。

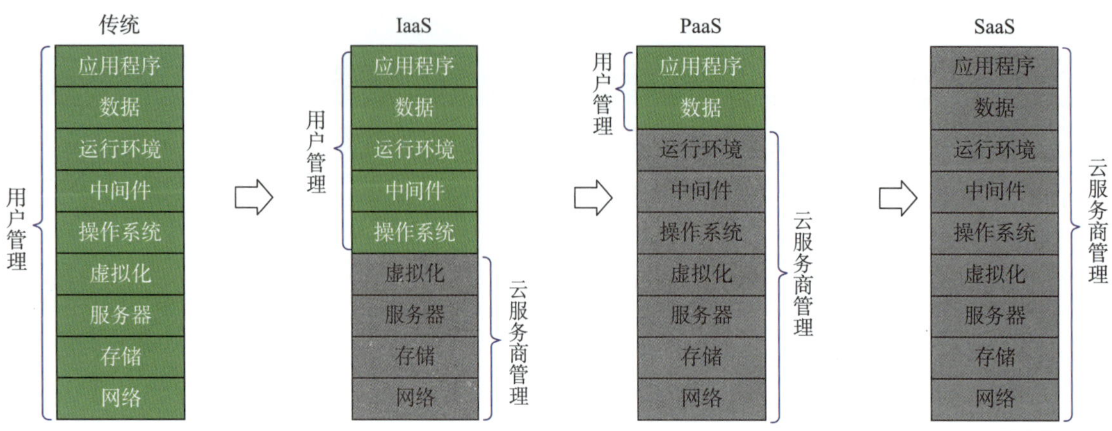

图 7-2　云计算服务的服务模式对比

表 7-3　车路协同系统所使用的各类云计算服务的服务模式和服务内容

服务模式	服务内容
IaaS	IaaS 作为云计算核心产品，通过先进的基础架构与完整的产品矩阵，为用户提供高性价比的一站式 IaaS 解决方案，主要包括计算、网络、存储、云原生、云通信、边缘服务、专有云、数据库等
PaaS	包括 AI 平台、大数据平台、物联网平台、区块链平台和云原生开发平台等 AI 平台：主要有语音技术、视频技术、增强现实技术、语言知识技术、图像技术、数据采集与标注技术等 大数据平台：主要提供端到端、开源开放、高性价比、安全可靠的大数据平台产品和解决方案，覆盖数据全生命周期，采用“存管”一体化的方式，实现数据资产建设和数据价值发挥，驱动业务增长 物联网平台、区块链平台和云原生开发平台：提供完善易用的端到端交通联网基础设施；覆盖业界主流区块链技术架构，降低数据上链门槛，构建可信生态；提供高度容器化、函数化的云原生基础设施，是集成开发工具链、具备企业级微服务治理能力的开发平台
SaaS	基于 AI 系统提供从 AI 算力、算法到 AI 能力及其生产、部署、集成的全流程产品与服务，赋能智能网联、智慧交管、智慧高速、智慧停车的标准化、自动化和模块化应用

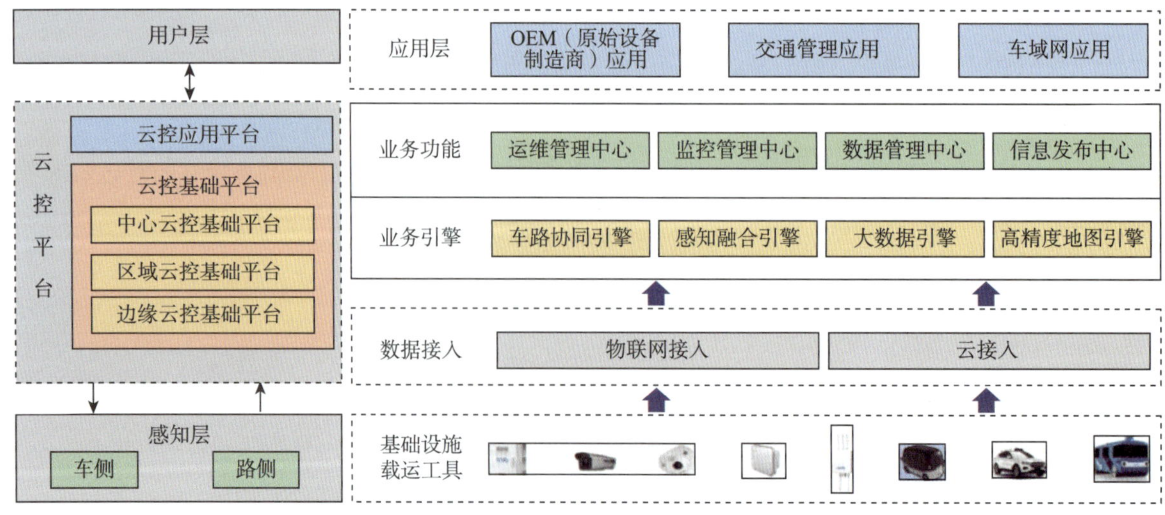

图 7-3　车路协同系统总体技术架构

云控平台主要由云控基础平台和云控应用平台两部分组成。

1）云控基础平台

云控基础平台由边缘云控、区域云控与中心云控三级云控基础平台组成，三者逻辑协同、物理分散，后一级统筹前一级，服务实时性逐渐降低，但服务范围逐步扩大。三级分层架构有利于满足网联应用对实时性与服务范围的各级要求。云控基础平台是车路协同重要的基础设施，具有实时信息融合与共享、实时计算编排、智能应用编排、大数据分析、信息安全保护等基础服务机制，主要提供核心的标准互联服务、动态基础数据实时融合和分级共享服务等。

2）云控应用平台

云控应用平台上的应用以云控基础平台的能力或服务为基础，主要包括提高行车安全性和提升行车效率与节能性的智能网联驾驶应用、提升交通运行性能的智能交通应用，以及车辆与交通大数据相关的应用等，实现“端边云”协同。

（5）云控平台的功能要求

云控平台的功能要求主要有监控管理、数据管理、运营管理、信息发布、车路协同应用服务和平台安全防护六个方面，具体内容见表 7–4。运用云控平台进行交通监控与调度的工作场景如图 7–4 所示。

表 7–4　云控平台的功能要求

序号	类别	主要项目	内容
1	监控管理	监控概览	可展示车路协同系统覆盖的点位、道路及路网等静态统计数据和路侧设施及车辆的实时统计分析数据
		交通监控管理	可展示道路分析及事件统计等概览数据和交通信号灯、交通事件、交通指标等实时数据，并支持以路侧点微观视角展示点位详情
		设备监控管理	可展示设备分布信息、设备实时监控数据和设备告警信息
		车辆监控管理	可展示车辆分布信息、车辆统计数据和单车实时监控数据
2	数据管理	车辆数据管理	能实现对加速踏板、制动踏板和转向盘状态等车辆状态数据、卫星定位数据、交通运行状态数据等的管理
		感知数据管理	能实现对对象感知数据、事件感知数据、交通运行状态实时数据和历史数据的管理
		报文数据管理	能支持对报文信息的查看，并可预览和下载报文详情数据
3	运营管理	设备管理	支持新增、编辑、删除和查看设备信息，支持对外场感知和计算设备的软件及算法进行在线升级
		基础信息管理	支持设备厂商、设备型号、车辆类型等基础信息的新增、删除、修改和查看
		系统管理	包括用户管理和角色管理

续表

序号	类别	主要项目	内容
4	信息发布	数据概览	基于地图展示当前事件的分布情况及统计信息，实现事件位置展现和事件详细信息展现
		交通事件管理发布	支持针对不同类型交通事件信息进行新增（仅针对手动发布的事件）、删除、修改（仅针对手动发布的事件）、查看等操作；支持按时间、类型进行信息查询和组合查询，系统展示事件相关信息和事件对应的视频
5	车路协同应用服务	各种车路协同应用场景	支持交叉路口碰撞预警、弱势交通参与者碰撞预警、左转辅助、绿波车速引导等服务
6	平台安全防护	接入安全	保障以下资源的接入安全：端侧设备资源、第三方平台资源（包括车辆管理与服务平台，如车企 OEM 平台、公交车管理服务平台，交通管理平台，地图服务平台，出行服务平台，气象服务平台等）
		云基础设施安全	具有防护机制，符合相关安全标准
		应用安全	具有防护机制，符合相关安全标准
		数据安全	采用加密技术和数据完整性机制保证数据的安全，包括但不限于收集、存储、使用、加工、传输、提供、公开等环节。重要数据采用密码模块保证安全，个人信息安全符合国家标准要求

图 7-4　运用云控平台进行交通监控与调度的工作场景

2. 技能操作

（1）操作准备

准备技能操作所需的物料，见表 7-5。

表 7-5　物料准备

类别	所需物料
教学整车 / 实训平台	车路协同系统实训台架
仪器、设备、工具	车路协同系统技术手册、云控平台技术手册等

（2）车路协同系统总体技术架构图绘制

根据技术手册将车路协同系统总体技术架构图绘制在表 7-6 中。

表 7-6　工作记录表

车路协同系统总体技术架构图

（3）云控平台测试

根据技术手册，操控云控平台，开启各项功能对云控平台进行测试，检查各功能是否正常，将工作过程记录在表 7-7 中。

表 7-7　工作记录表

序号	功能类别	测试项目	功能	是否正常
1				是□　否□
2				是□　否□
3				是□　否□
4				是□　否□

续表

序号	功能类别	测试项目	功能	是否正常
5				是□　否□
6				是□　否□
7				是□　否□
8				是□　否□
9				是□　否□
10				是□　否□
11				是□　否□
12				是□　否□

二、边缘计算系统部署

1. 知识学习

（1）MEC 的定义与功能

车路协同系统中的边缘计算系统采用多接入边缘计算（multi-access edge computing，MEC）技术，此技术是指将云计算平台从移动核心网络内部迁移到移动接入网络和其他接入网络的边缘计算技术。

MEC 具有超低时延、超大带宽、应用程序可以使用无线网络侧的实时信息、支持大量设备接入和保障数据安全五大优点，如图 7-5 所示。

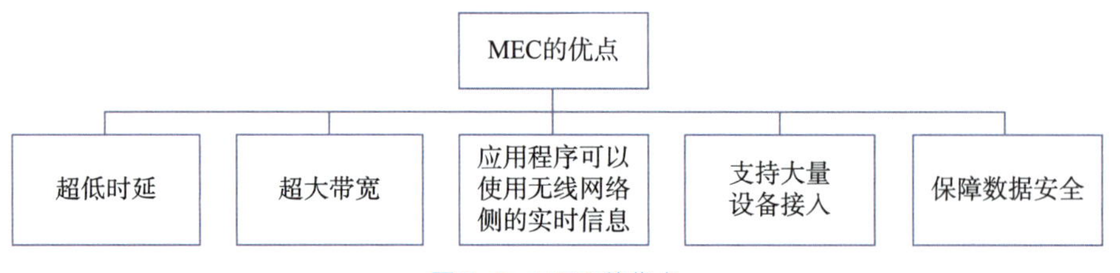

图 7-5　MEC 的优点

MEC 具备动态智能连接、异构计算和边缘计算三大功能。在车路协同系统应用中，MEC 具体负责汇聚车端和路侧数据、存储信息、低时延融合计算、通信管理、设备管理五种工作任务。

1）汇聚车端和路侧数据

MEC 通过链路汇聚车端和路侧智能设备如摄像头、毫米波雷达、交通信号灯、激光雷达等来源的数据。

2）存储信息

MEC 能存储路侧和车端的信息，缓解智能设备的存储压力，减少大量数据回传云控平台造成的网络负担。

3）低时延融合计算

MEC 对路侧信息、车端信息进行融合运算、决策、感知融合、事件分析、场景能力分析等车路协同计算任务。如图 7-6 所示，道路遗撒物识别任务由画面左下方的边缘计算设备计算完成。MEC 分担区域 / 中心云控平台的计算量，降低信息融合计算的时延，大部分应用的计算时延在 40 ms 左右，复杂应用的计算时延在 70 ms 左右，加上信息传输的时延，能够保证决策信息传输到车端的时延控制在 100 ms 以内。

图 7-6　边缘计算设备对道路遗撒物进行识别计算

4）通信管理

MEC 能完成通信分发和拓扑管理工作。MEC 支持通过通信转发单元对边缘事件进行本地广播，支持将事件上报车路协同云控平台并接收云控平台的信息，支持 RSU 的网络拓扑管理。

5）设备管理

MEC 支持接入路侧摄像机、毫米波雷达等满足行业标准的多厂商设备的数据，以满足各类设备和接入场景要求。

（2）边缘计算设备

边缘计算通常使用边缘网关、边缘控制器和路侧边缘服务器三种设备，其功能与用途见表 7-8。

表 7-8　边缘计算设备的功能与用途

类别	功能	用途	外观
边缘网关（EG）	具有数据收集、网络协议转换、数据处理和存储等功能	数据汇聚、数据预处理	

续表

类别	功能	用途	外观
边缘控制器（EC）	具有实时、闭环和高可靠性控制等功能	设备控制	
路侧边缘服务器	具有复杂边缘数据处理和策略发布等功能	数据融合分析、控制与优化决策信息发布	

1）边缘网关（EG）

边缘网关（edge-gateway，EG）可实现网络接入、协议转换、数据采集与分析处理，并且可通过轻量级容器/虚拟化技术支持业务在用户现场灵活应用、部署和运行，可应用于车路协同等场景中，支持自动驾驶等业务。边缘网关以网络协议转换和数据处理为重点，能够连接使用不同接口协议的感知、检测设备，实现协议转换以及多源异构数据的统一汇聚，并可对设备原始数据进行清洗、集成，为云控平台提供更高价值的路侧数据。

2）边缘控制器（EC）

边缘控制器将PLC控制器功能、计算功能、网关功能、运动控制功能、I/O数据采集功能、现场总线协议功能、设备联网功能等多领域功能集成于一体，同时实现设备运动控制、数据采集、运算等功能，协同云控平台实现车路协同控制等应用。边缘控制器以支持实时闭环控制业务为重点，能够接入受控设备，对其进行实时、闭环和高可靠性控制，实现本地闭环控制、应急事件联动控制等功能。

3）路侧边缘服务器

路侧边缘服务器以复杂数据分析处理和策略发布为重点，能够承担云控平台分配到路侧边缘的计算任务，通过内置的算法模型对多个路侧和车辆感知数据进行计算和分析，生成局部的交通管控策略，并及时进行发布。路侧边缘服务器支持异构计算，满足新型业务模式数据多样性和高并发等需求。

（3）设备连接方式

在各种车路协同系统的应用场景中，边缘网关、边缘控制器和路侧边缘服务器三种设备可以单独使用，也可以组合使用，这三种设备与前端设备以及区域/中心云控平台之间的连接方式有三种，如图7-7所示。

（4）设备硬件安装

车路协同边缘计算设备集中安装在路侧的边缘计算机柜中，机柜在路侧有落地式安装、安装在路侧设施上和路杆上等安装方式，如图7-8所示。

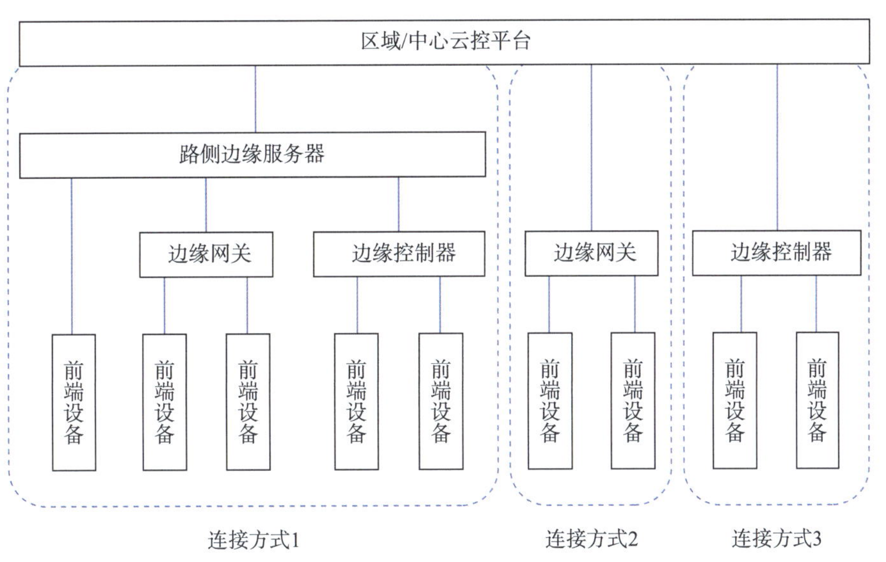

图 7-7　边缘计算设备的连接方式

a）

b）

c）

图 7-8　边缘计算机柜的安装方式

a）落地式安装　b）安装在路侧设施上　c）安装在路杆上

边缘计算机柜内部的典型构造为分层结构，如图 7-9 所示，上层为各类电气开关，中层为边缘计算主机设备，下层或靠下位置为电池或供电单元部件。

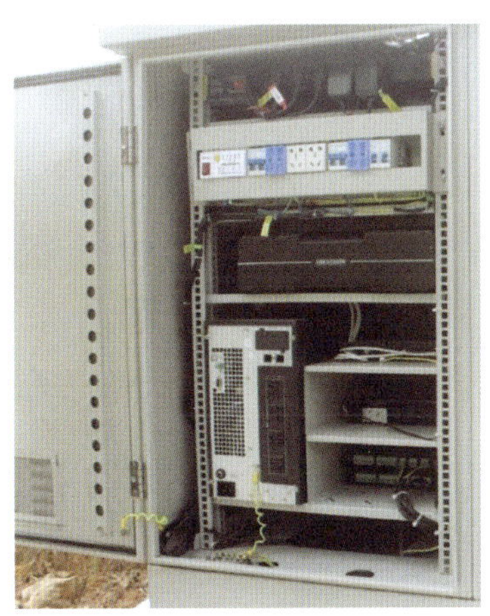

图 7-9　边缘计算机柜内部的典型构造

边缘计算设备在机柜中采用滑动导轨进行安装，如图 7–10 所示，将导轨内侧用螺钉固定在设备两侧，将导轨外侧固定在机柜设备槽上，将设备推入机柜设备槽内完成安装。

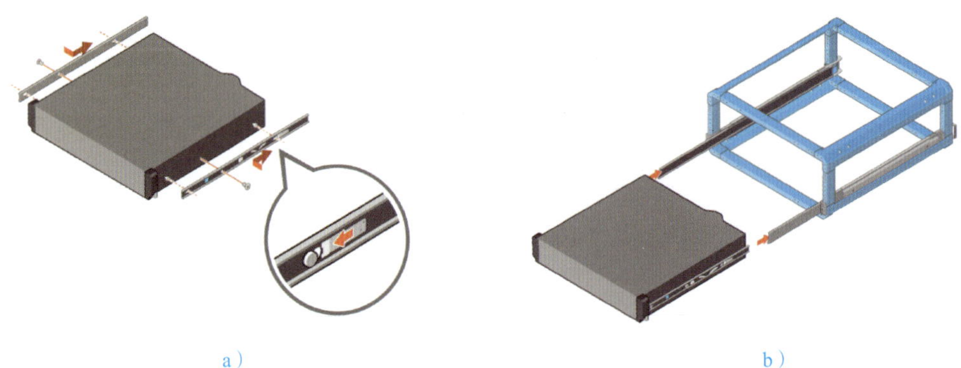

a） b）

图 7–10 边缘计算设备的安装方式

a）将导轨内侧固定在设备两侧 b）将设备推入机柜设备槽内

固定边缘计算设备线缆并沿着导轨上的支架布线，如图 7–11 所示。

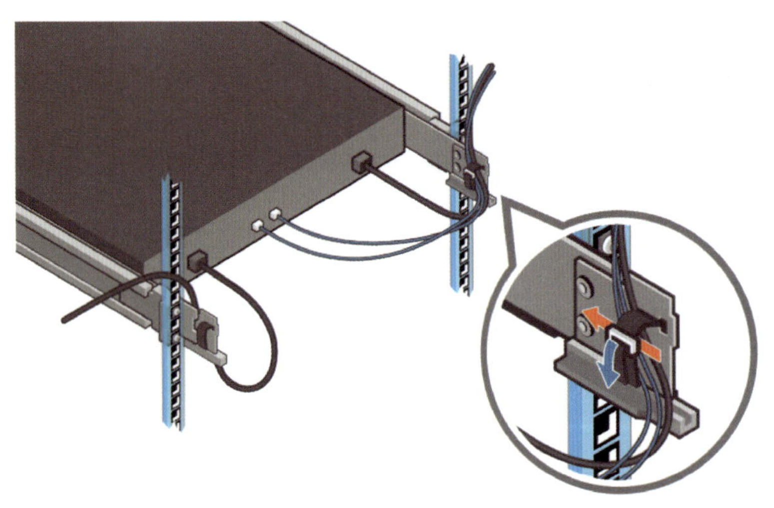

图 7–11 边缘计算设备的线缆固定与布线

注意事项：安装边缘计算设备时应严格按照技术手册要求控制设备间距，保证散热口无阻塞、无阻挡，保证散热片无覆盖物，确保设备散热需求得到满足。线缆要求固定牢靠，布线要求整齐规范。

（5）设备配置

在完成安装后，要进行边缘计算设备的配置，工作步骤分为开机登录和任务配置两部分，具体工作步骤如图 7–12 所示。

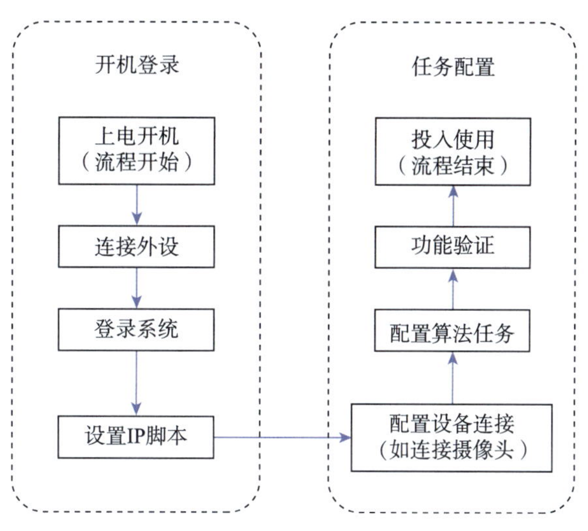

图 7-12　边缘计算设备配置的工作步骤

2. 技能操作

（1）操作准备

准备技能操作所需的物料，见表 7-9。

表 7-9　物料准备

类别	所需物料
教学整车 / 实训平台	车路协同系统实训台架
仪器、设备、工具	车路协同系统技术手册、边缘计算系统技术手册、防护手套、工具套装、线束扎带等

（2）设备连接方式图绘制

根据技术手册将边缘计算设备连接方式图绘制在表 7-10 中。

表 7-10　工作记录表

边缘计算设备连接方式图

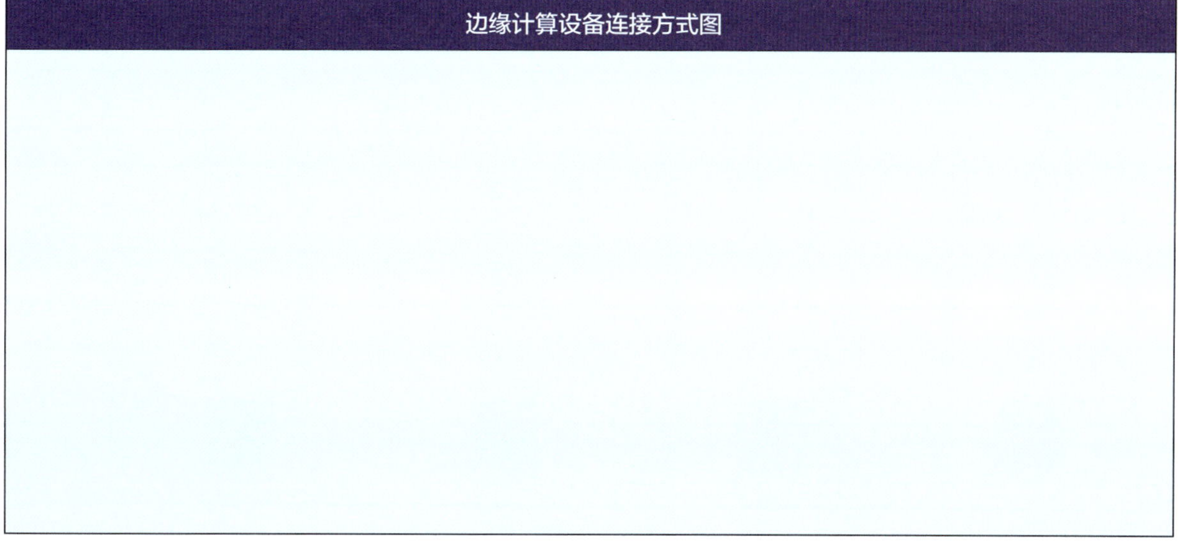

（3）边缘计算设备检查

根据技术手册对准备安装的边缘计算设备进行清点检查，将工作过程记录在表 7-11 中。

表 7-11　工作记录表

序号	项目	设备 1	设备 2	设备 3
1	设备名称			
2	数量			
3	产品品牌与型号			
4	功能			
5	接口类型与数量是否与技术手册要求对应	是□　否□	是□　否□	是□　否□
6	电源规格			
7	散热方式			
8	主要配置参数			

（4）边缘计算系统部署

根据技术手册完成边缘计算设备的安装与配置，将工作过程记录在表 7-12 中。

表 7-12　工作记录表

序号	工作项目	工作内容	备注
1			
2			
3			
4			
5			
6			
7			
8			
9			
10			
11			

续表

序号	工作项目	工作内容	备注
12			
13			
14			
15			
16			

检查评估

对本任务的学习情况进行检查，并将相关内容填写在表 7-13 中。

表 7-13　检查表

检查项目	检查结果	结果点评
云控平台测试		
是否能准确解说车路协同云计算服务的服务模式与内容	是□　否□	
是否能正确绘制车路协同系统总体技术架构图	是□　否□	
是否能完成云控平台测试	是□　否□	
边缘计算系统部署		
是否能完成边缘计算设备连接方式确认	是□　否□	
是否能完成边缘计算设备硬件安装	是□　否□	
是否能完成边缘计算设备配置	是□　否□	
整理及恢复		
工具、设备是否整理恢复	是□　否□	
实训工位是否打扫干净	是□　否□	
工作页是否填写完整	是□　否□	

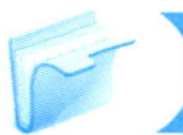

任务小结

本任务小结如图 7-13 所示。

云控平台测试与
边缘计算系统部署
云控平台测试
云计算与边缘计算
车路协同系统分级云控：原因、方式
云计算服务的服务模式：IaaS、PaaS、SaaS
云控平台的结构组成
云控平台的功能要求
边缘计算
系统部署
MEC的定义与功能
边缘计算设备：边缘网关、边缘
控制器和路侧边缘服务器
设备连接方式
设备硬件安装与配置
图 7-13　任务小结

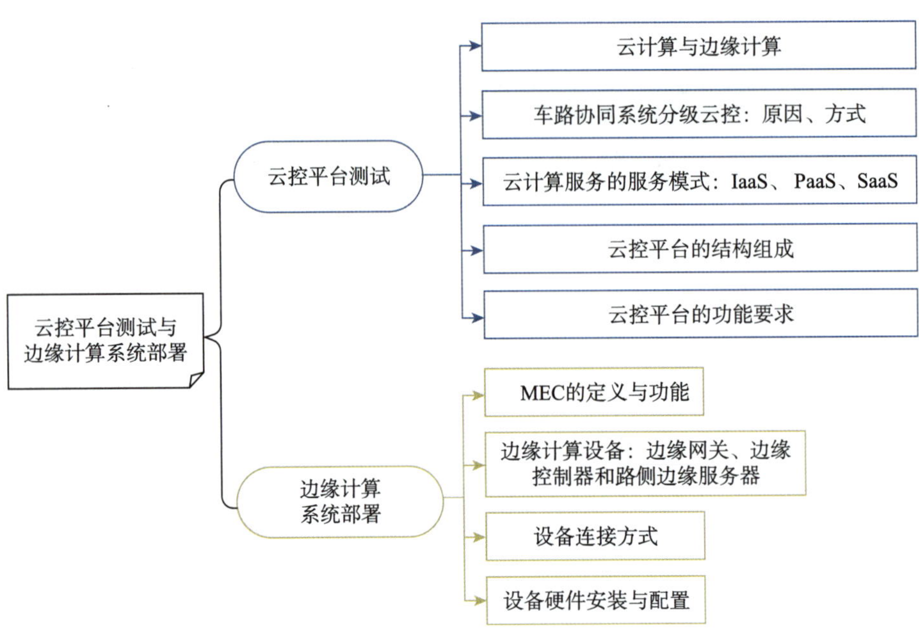

任务八
高精度地图生产

情境一

任务导入

场景： 某国产自主品牌汽车研发中心高精度地图制作室。

人物： 装调技师宋师傅、实习技师小张。

情境： 在车路协同系统中，智能网联汽车在行驶中不断与道路进行“对话”，不仅如此，还有一张数字地图在不间断地为车辆提供导航定位、周围交通环境和丰富驾驶信息，这个好助手就是高精度地图。今天，根据任务要求，宋师傅要指导小张进行高精度地图的生产，现在请你随小张开始工作吧。

任务目标

- 能使用高精度地图制作手册，与他人合作规范完成高精度地图数据采集工作。
- 能使用高精度地图制作手册，与他人合作规范完成高精度地图数据处理与制作工作。

任务实施

一、高精度地图数据采集

1. 知识学习

（1）高精度地图的定义与作用

高精度地图又称高分辨率地图（high-definition map，HD map）或道路高精导航电子地图，是精度为厘米级，交通信息丰富，能正确反映道路实际情况，可快速动态更新，专门用于智能网联汽车导航定位、高级别驾驶辅助与自动驾驶的电子地图或数据集。如图 8-1 所示，高精度地图中对每一条车道与道路边缘进行了精确表示，与普通导航地图在精度和内容丰富度上存在极大差异。L3 及以上级别的自动驾驶车辆通常使用高精度地图。

a）

b）

图 8-1　高精度地图与普通导航地图示例的对比

a）高精度地图　b）普通导航地图

高精度地图主要有辅助环境感知、辅助定位、辅助路径规划、辅助控制四项功能。

1）辅助环境感知

智能网联汽车上的前视摄像头等环境感知传感器易受到恶劣天气等不利因素影响，高精度地图可有效辅助车辆增强环境感知能力，提供车道线、路口等关键交通信息。即使在环境感知传感器状态良好的时候，高精度地图信息也可以帮助环境识别系统极大减少车道线视觉识别等任务的算力负担，便于感知结果校验，提升环境感知可靠度。

2）辅助定位

智能网联汽车在使用卫星导航以及惯性导航过程中，可利用高精度地图进行地图匹配获得高精准度的车辆定位信息。如图 8-2 所示，车辆利用前视摄像头信息与高精度地图进行匹配，获得车辆在此段高速公路上的定位信息。

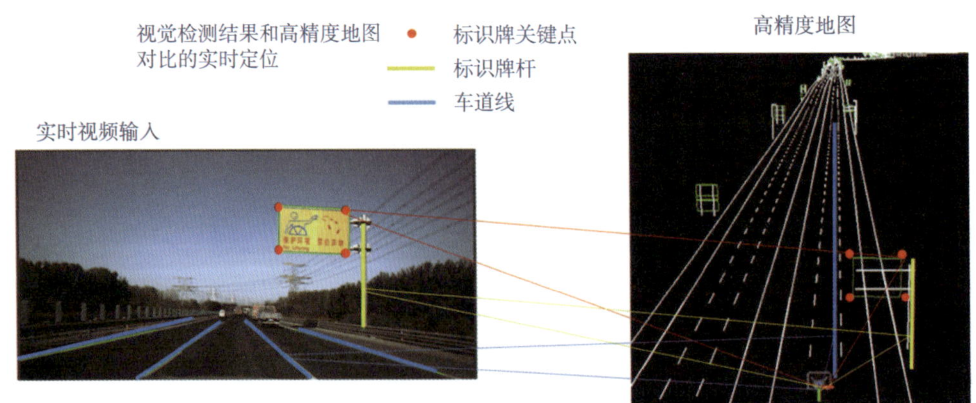

图 8-2　利用高精度地图辅助车辆定位

3）辅助路径规划

车辆基于普通导航地图可实现车道级路径规划，高精度地图可为车辆进一步提供车道中心线、边缘线信息，以及视觉之外的交通信息，如人行横道、低速限制等信息，为车辆提前规划车道和提供车速建议。

4）辅助控制

高精度地图可为车辆提供分钟级预判信息，如路口交通信号灯状态、前方路口交通状况等信息，对车辆提前进行加速、减速、变换车道等驾驶行为的辅助控制，以保证行车安全。

此外，高精度地图可积累大量的驾驶数据，丰富驾驶场景数据库，为无人驾驶系统进行仿真验证、人工智能训练优化等提供重要基础数据。

（2）高精度地图的特点与信息分层架构

高精度地图直接为智能网联汽车或其他智能化交通工具提供导航定位功能，具有高精度、高动态、多维度等特点。

1）高精度

相较于普通导航地图约 10 m 的道路级地图精度，高精度地图具有厘米级又称车道级的地图精度。我国科技公司在相关领域处于世界领先水平，在高德软件有限公司于 2018 年提出的基于高精度地图和高精度定位的一体化解决方案中，地图精度能够实现在普通道路条件下横向误差和纵向误差保持在 7 cm 以内，在高速 / 城市环路条件下横向误差保持在 6 cm 以内、纵向误差保持在 5 cm 以内。

2）高动态

为保证车辆行驶安全，不同于普通导航地图的月级更新或季度级更新，高精度地图一般进行周级更新和天级更新，同时高精度地图所包含的车道级路况、交通事件等信息则是进行实时更新。

3）多维度

普通导航地图包含道路级的道路几何形状、交通信号灯位置、车道行车方向等信息，高精度地图包含多维度信息，在普通导航地图信息的基础上新增了交通标识牌、护栏、路沿等丰富信息。

高精度地图信息可分为道路级信息、车道级信息、动态信息、自动驾驶辅助信息四个层级，如图 8–3 所示。

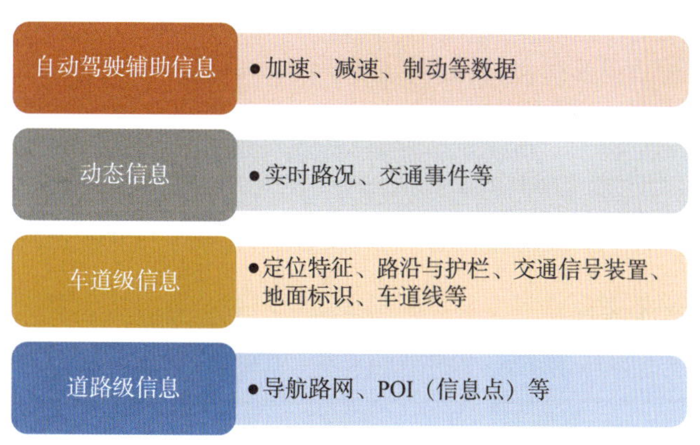

图 8–3　高精度地图信息的分层架构

高精度地图车道级信息示例如图 8-4 所示。

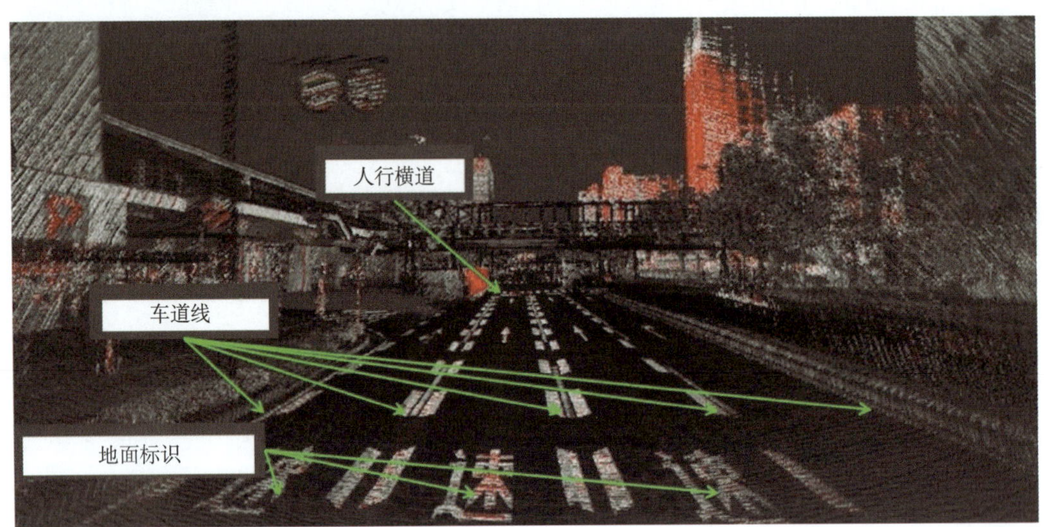

图 8-4　高精度地图车道级信息示例

（3）高精度地图生产作业流程

高精度地图生产作业流程包括数据生产和质量检查，如图 8-5 所示，其中数据生产包括数据采集、数据处理、数据制作和数据提交，质量检查包括外业数据质量检查和内业数据质量检查。

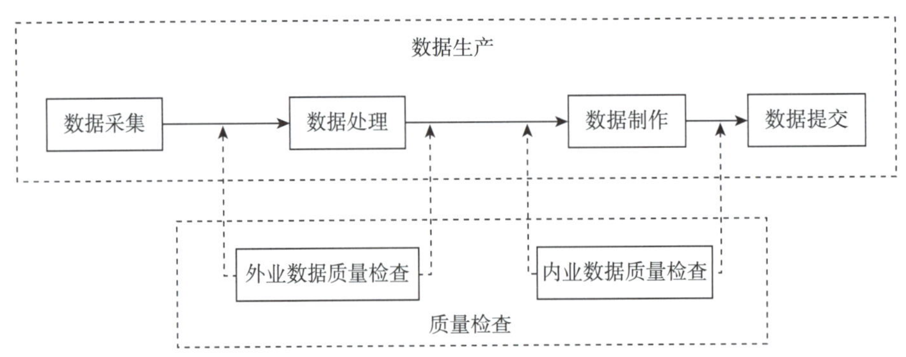

图 8-5　高精度地图生产作业流程

（4）数据采集设备

高精度地图的数据获取方式主要是使用车载移动测量系统。车载移动测量系统由定位测姿系统、数字相机、视频摄像机、激光扫描仪和控制系统组成。

定位测姿系统采用实时动态（real-time kinematic，RTK）定位技术，能实时输出导航信息，包括位置坐标、速度、航向、水平姿态及设备状态等。此系统具备数据存储、时间同步、信号同步、信息输出等功能，能进行定位测姿后的数据处理，输出高精度定位测姿结果，其一般具有内置式里程计，采用双频测量型 GNSS 接收机，采样间隔为 1 s，采样通道不少于 24 个。

数字相机分辨率不低于 500 万像素，具备外部触发、异步复位功能，触发同步精度不小于 0.3 ms，

连续采集频率满足相应要求。

视频摄像机的视频分辨率不小于 1 280 像素 ×720 像素，视频帧率不小于 24 fps，具备时间同步功能。

激光扫描仪（激光雷达）应选择带有强度信息的设备，其探测距离、精度等能满足相应要求。

控制系统可实时监测各传感器的工作状态，可在各传感器发生故障时发出声、光告警。此系统时间同步精度不小于 0.3 ms，可连续存储数据时间不宜小于 40 h，车辆供电时连续工作时间不宜小于 8 h，车辆不供电时连续工作时间不宜小于 0.5 h。

高精度地图数据采集设备一般采用集成化设计，如图 8–6 所示，置于数据采集车上方的较高位置，如图 8–7 所示。

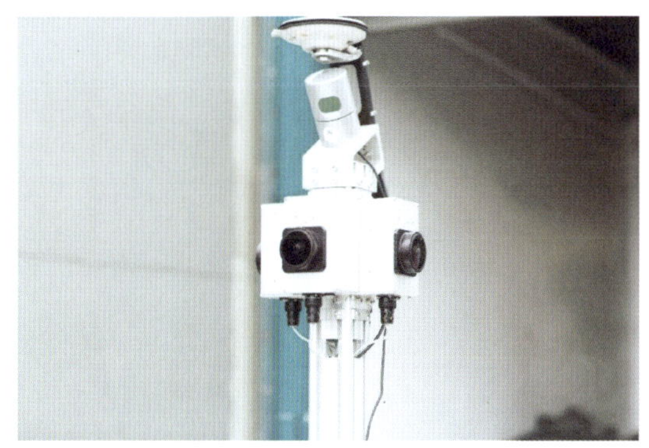

图 8–6　集成化的高精度地图数据采集设备

图 8–7　数据采集车

（5）数据采集准备工作

数据采集前需完成传感器校验、传感器工作检查、惯性导航系统训练、惯性测量系统初始化、传感器状态检查工作。

1）数据采集前，对各传感器进行单机和集成的检验校对。

2）按操作要求连接各传感器电缆，并确认各传感器工作正常。

3）驾驶车辆进行“8”字形行驶，若场地条件不允许，则可通过驾驶车辆进行左右转及掉头，训练惯性导航系统，提升系统测量精度。

4）在惯性测量系统状态保持 5 min 后进行设备初始化，将车辆静置，关闭车辆动力系统，且禁止驾驶员上下车和开关车门。

5）设备初始化完成后，再次检查各传感器状态。

（6）数据采集工作内容及注意事项

数据采集工作的采集源数据包括采集车 GNSS 轨迹数据、点云数据、影像数据、位姿数据及其他辅助数据。

采集内容包括道路交通网络、车道交通网络、路面交通标线、路侧及路内的交通标识、道路防护设施、交通监控管理设施及其他道路构筑物等。

进行数据采集时，应注意以下事项。

根据采集设备和采集规划，合理选择车道，遵守交通规则。其他车辆超车或并行时，主动减速避让，缩短并行时间，并及时恢复正常采集车速和车道，防止设备遮挡和数据丢失情况发生；行驶过程中尽量保持匀速，避免急转弯和频繁切换车道。

在高速公路上白天作业时，采集车以不大于 70 km/h 的速度匀速行驶；在普通路上白天作业时，采集车在路段限速允许的情况下以不高于 50 km/h 的速度行驶，当路段限速不满足 50 km/h 的条件时，按限速要求行驶。

为保证上下行道路采集的相对精度，要求同一道路的上下行采集应在同一个工程时段内完成。两次采集数据需要接边时，需保持两条道路有 100~200 m 的重叠，且接边路段要在距离路口 50 m 之外。

需进行原始数据检查，检查内容如下。

1）完整性检查

检查原始数据的数据量、数据目录、文件个数等是否与采集成果提交明细表一致。

2）可用性检查

检查采集数据文件是否损坏，存储目录是否满足处理要求。

3）正确性检查

检查数据文件命名是否规范、正确，相关数据文件命名是否一致。

经过 RTK 数据解算及 RTK 融合纠正生成的位置坐标和姿态数据，应经过数据质量检查，轨迹数据应无断点、跳变点，平滑衔接，从而保障采集的数据质量满足数据处理与制作工序的要求。

特别注意，数据采集车与作业人员在雷雨天气时不得在山顶、大树和高压电线杆下停留。

2. 技能操作

（1）操作准备

准备技能操作所需的物料，见表 8-1。

表 8-1　物料准备

类别	所需物料
教学整车 / 实训平台	车路协同系统实训台架、车载移动测量系统、数据采集车等
仪器、设备、工具	高精度地图制作手册等

（2）高精度地图数据采集

根据技术手册完成高精度地图数据采集，将工作过程记录在表 8-2 中。

表 8-2　工作记录表

序号	工作项目	工作内容	备注
1			

续表

序号	工作项目	工作内容	备注
2			
3			
4			
5			
6			
7			
8			
9			
10			
11			
12			
13			
14			
15			
16			

二、高精度地图数据处理与制作

1. 知识学习

（1）数据处理流程

高精度地图数据处理流程如图 8-8 所示。

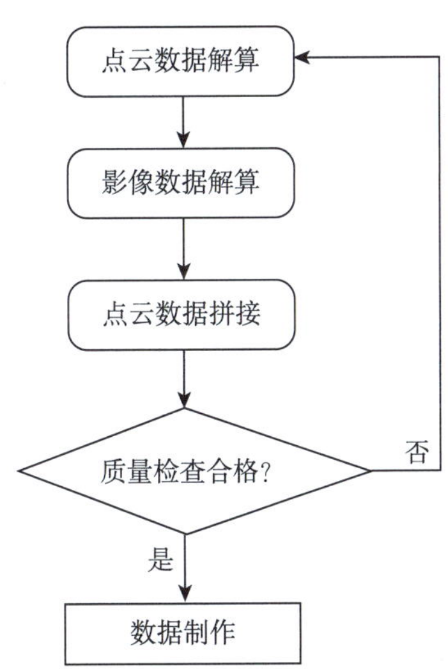

图 8-8　高精度地图数据处理流程

1）点云数据解算

通过加载轨迹数据对点云数据进行解算，生成满足道路高精度地图数据制作系统要求格式的分段点云数据，供后续处理工序使用。

2）影像数据解算

对影像原始采集数据进行处理，生成全景影像及左、前、右、后四个方向的全景切片数据。根据全景影像的位置信息，生成相同位置点云数据的深度图及对应强度值信息文件。

3）点云数据拼接

点云数据拼接采用同名点云提取及对比和点云数据纠正算法，点云拼接位置主要包括道路平交路口或分岔口、合流口等位置，不同采集批次的点云数据会存在偏差，偏差大于 10 cm 时应进行拼接，以保证路口处点云无缝、平滑衔接。

4）数据处理质量检查

高精度地图数据处理质量检查包括点云数据处理质量检查、影像数据处理质量检查、标定数据处理质量检查和制作数据质量检查，具体工作内容见表 8–3。

表 8–3　数据处理质量检查具体工作内容

检查项目	工作内容
点云数据处理质量检查	检查点云的完整性、正确性、精度 完整性：点云数据总时间应与采集时间一致。正确性：点云数据无跳变、扭曲、缺失等现象。精度：点云数据中同名点云的点云坐标误差不大于 10 cm
影像数据处理质量检查	检查影像的完整性、正确性 完整性：影像数据完整，与采集记录的个数、编号、对应时间等应一致。正确性：影像数据不能存在内容缺失
标定数据处理质量检查	影像数据和深度图叠加，严格使用正确的标定参数，保障场景内容完全重合
制作数据质量检查	经过点云数据解算、影像数据解算和点云数据拼接处理后生成的点云数据和影像数据，应经过制作数据质量检查，以保证合格的预处理数据进入数据制作工序

（2）数据制作

高精度地图数据制作内容包括道路网图层组、车道网图层组、道路标线图层组和道路设施图层组四个图层组，各图层组包含的要素如下。

道路网图层组：道路节点、道路网路口、道路参考线以及道路虚拟连接线。

车道网图层组：车道节点、车道网路口、车道参考线以及车道虚拟连接线。

道路标线图层组：车道线特征点、车道线、停止线、突起路标、轮廓标、人行横道。

道路设施图层组：紧急电话亭、消火栓、道路监控摄像头、线状分离设施、线状跨路设施、杆状物、道路交通标识、交通信号灯、减速带、收费站、检查站、面状跨路设施、桥梁、隧道、路侧建筑

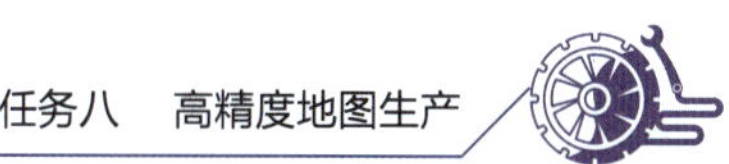

物、停车场、路内停车位、安全岛、立杆无棚站台以及一般公交站台。

（3）数据提交

高精度地图数据提交流程如图 8-9 所示。

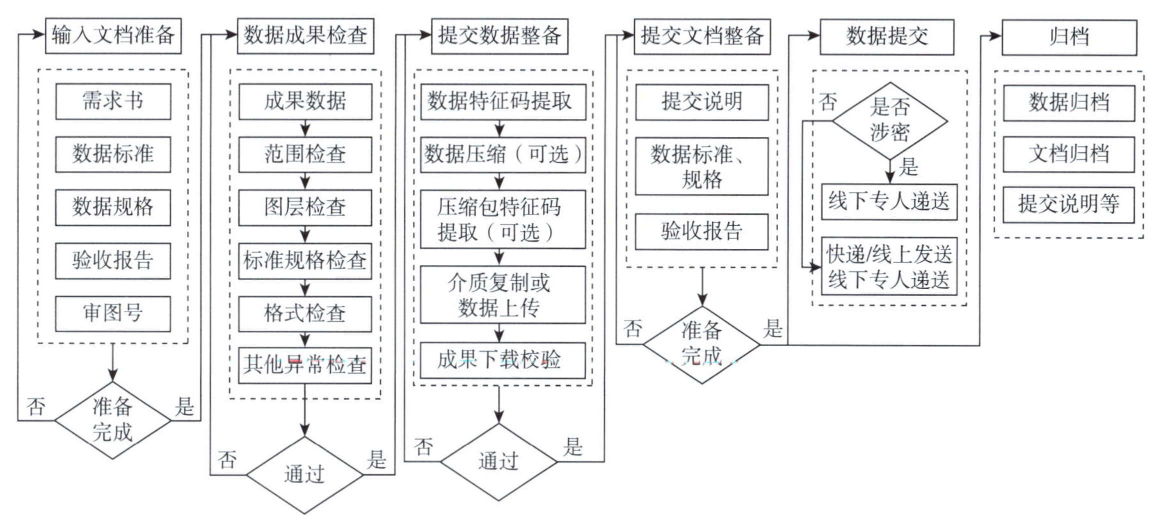

图 8-9　高精度地图数据提交流程

数据提交前应准备好需求书、数据标准、数据规格、验收报告、审图号等资料。

对数据成果应进行范围检查、图层检查、标准规格检查、格式检查和其他异常检查。

将数据复制至指定的介质中，或在线存储。若数据涉密则应严格避免其存储在未经认证的网络环境中，从数据复制介质或存储环境中回拷数据，再次校验数据特征和压缩包特征无误后进入提交文档整备环节。

提交文档包括提交说明、数据标准、数据规格和验收报告。

数据提交的同时应对数据进行归档，归档内容包括提交的目标数据实体、与提交数据对应的说明文档（其中至少包括提交说明）、涉密数据提交情况记录，并按照有关要求设定存档年限。

2. 技能操作

（1）操作准备

准备技能操作所需的物料，见表 8-4。

表 8-4　物料准备

类别	所需物料
教学整车 / 实训平台	车路协同系统实训台架、车载移动测量系统、数据采集车等
仪器、设备、工具	高精度地图制作手册等

（2）高精度地图数据处理与制作

根据技术手册完成高精度地图数据处理与制作，将工作过程记录在表 8-5 中。

表 8-5　工作记录表

序号	工作项目	工作内容	备注
1			
2			
3			
4			
5			
6			
7			
8			
9			
10			
11			
12			
13			
14			
15			
16			

检查评估

对本任务的学习情况进行检查，并将相关内容填写在表 8-6 中。

表 8-6　检查表

检查项目	检查结果	结果点评
高精度地图数据采集		
是否能准确解释高精度地图的定义与作用	是□　否□	
是否能正确完成数据采集设备准备	是□　否□	
是否能完成高精度地图数据采集	是□　否□	
高精度地图数据处理与制作		
是否能完成高精度地图数据处理	是□　否□	
是否能完成数据处理质量检查	是□　否□	

续表

检查项目	检查结果	结果点评
是否能完成数据提交	是□　否□	
整理及恢复		
工具、设备是否整理恢复	是□　否□	
实训工位是否打扫干净	是□　否□	
工作页是否填写完整	是□　否□	

任务小结

本任务小结如图 8-10 所示。

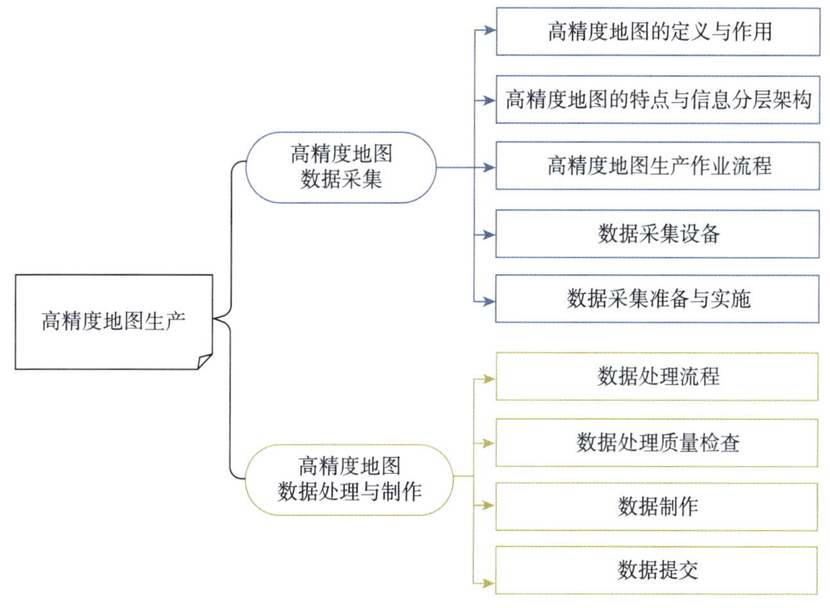

图 8-10　任务小结

情境二
车路协同系统测试

情境介绍

近年来，随着智能网联汽车产业和车路协同技术的蓬勃发展，“聪明的车+智慧的路+融合的云”共同构建智慧交通，有效提升了智能网联汽车使用者的驾乘体验感。

本情境包含ETC系统装调与测试和绿波车速引导系统测试与设置两个任务，包括ETC系统中的OBU和RSU装调，绿波车速引导系统功能测试、绿波车速引导系统设置等内容。

情境目标

▸ 能根据ETC系统技术手册、OBU技术手册和RSU技术手册，规范完成OBU与RSU装调工作。

▸ 能根据ETC系统技术手册、OBU技术手册和RSU技术手册，与他人合作规范完成ETC系统测试工作。

▸ 能使用绿波车速引导系统技术手册，规范完成绿波车速引导系统功能测试与设置工作。

任务九 ETC 系统装调与测试

任务导入

场景： 某国产自主品牌汽车试制车间。

人物： 装调技师宋师傅、实习技师小张。

情境： ETC 系统是目前应用最为成熟的车路协同系统之一，今天宋师傅的小组接到了一项 ETC 系统装调和测试任务，小张对 ETC 系统非常陌生，你是否也对 ETC 系统感到好奇，想要了解 ETC 系统？现在请你随小张开始工作吧。

任务目标

- 能根据 ETC 系统技术手册、OBU 技术手册，规范完成 OBU 装调工作。
- 能根据 ETC 系统技术手册、RSU 技术手册，规范完成 RSU 装调工作。
- 能根据 ETC 系统技术手册、OBU 技术手册和 RSU 技术手册，与他人合作规范完成 ETC 系统测试工作。

任务实施

一、ETC 系统装调

1. 知识学习

（1）ETC 系统的定义与功能

电子不停车收费（electronic toll collection，ETC）系统可简称为电子收费系统，是车辆通过高速公路或桥梁等地收费站时无须停车，系统自动完成车辆公路过路费和停车场费用等缴纳的车路协同电子系统。

ETC 系统在高速公路收费站的应用场景如图 9-1 所示，车主只要使用 ETC 系统的支付系统（预付费或后付费），通过收费站时就无须停车进行人工缴费，系统会从其账户中自动扣除道路或桥梁通行费，从而实现自动收费。ETC 系统可有效提高道路通行效率，减少拥堵和排队等待时间，每辆汽车通过 ETC 的收费过程耗时不超过 2 s，其收费通道的通行能力是人工收费通道的 5~10 倍。近年来高速公路 ETC 全国联网更是将我国高速公路智能化推向了新的阶段。

图 9-1　ETC 系统在高速公路收费站的应用场景

ETC 系统的具体功能如下。

1）车道数据采集、设备控制、收费等正常车道收费功能。

2）对车道收费的各种特殊情况做出处理。

3）能够以独立作业的方式工作，收费站计算机不工作或网络出现问题均不会影响正常工作，作业参数、收费数据记录均存储在本地。

4）与站级系统之间的数据通信功能。在通信中断的情况下，ETC 系统能维持正常收费作业，在通信恢复后，积压数据能自动上传。

5）定期从收费站获取日期、系统运行参数及其他信息等。

（2）ETC 系统的组成

ETC 系统由前端系统和后台数据库系统组成。

前端系统包含 ETC 系统的全部基本硬件，是集停车放行、车辆探测、数据采集、信息处理等功能于一体的综合系统。前端系统主要包括车道控制系统、RSU、OBU 三大部分，其中车道控制系统包括自动栏杆机和余额显示器，如图 9-2 所示。RSU 是安装在收费站交通设施上的通信终端设备，OBU 是安装在通行车辆上的通信终端设备。目前，一些功能较为先进的 ETC 系统还集成有触发线圈、交通信号灯、控制装置、摄像头、车牌识别系统等。

后台数据库系统主要由收费站管理子系统、ETC 管理中心等组成，负责系统后台 ETC 交易数据处理、运营参数管理和运行系统监控等。

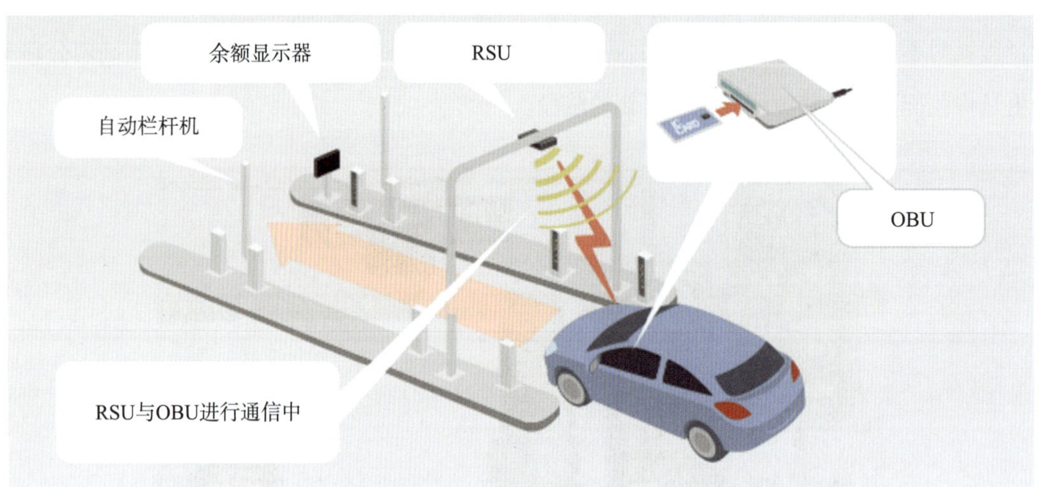

图 9-2　前端系统的组成

（3）ETC 系统的工作原理

ETC 系统的工作原理如图 9-3 所示，图中点画线圈起的部分为 ETC 系统工作的核心部分。

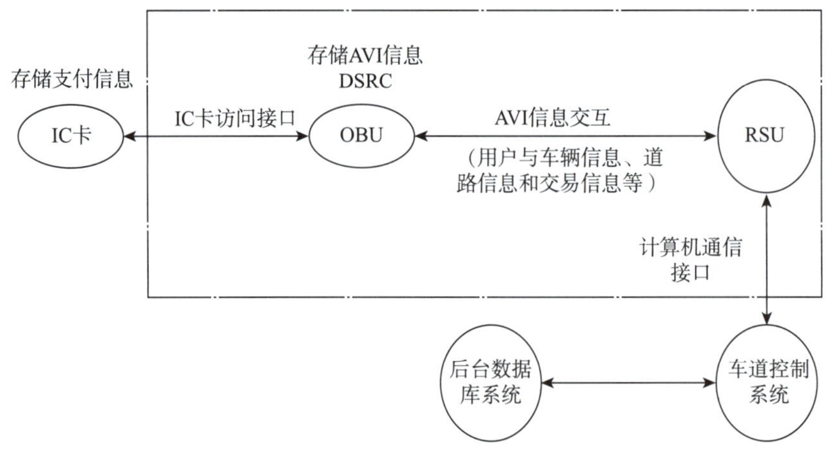

图 9-3　ETC 系统的工作原理

1）当车辆靠近交通收费设施探测范围时，OBU 与 RSU 之间使用 DSRC 建立通信链路进行无线通信。

2）IC 卡（integrated circuit card，集成电路卡）存储支付信息，与 OBU 通过 IC 卡访问接口连接，OBU 与 RSU 进行自动车辆识别（automatic vehicle identification，AVI）系统的信息交互，信息内容包括用户与车辆信息、道路信息和交易信息等。

3）在整个工作过程中，RSU 与车道控制系统通过计算机通信接口进行通信，完成车辆自动识别、车辆自动收费、自动栏杆机和交通信号灯以示通行、余额信息显示、车辆抓拍、对非正常车辆进行告警等系统任务。

4）后台通行费分段计费、交易数据处理、车牌图像识别等由车道控制系统联合后台数据库系统实现。

ETC 系统通信的特点是能实现断面覆盖。由于交通流具有方向性，因此只要保证车辆以一定速度经过 RSU 所在断面时，能接收到 RSU 发送的消息即可实现信息传递。DSRC 的通信机制如图 9-4 所示。

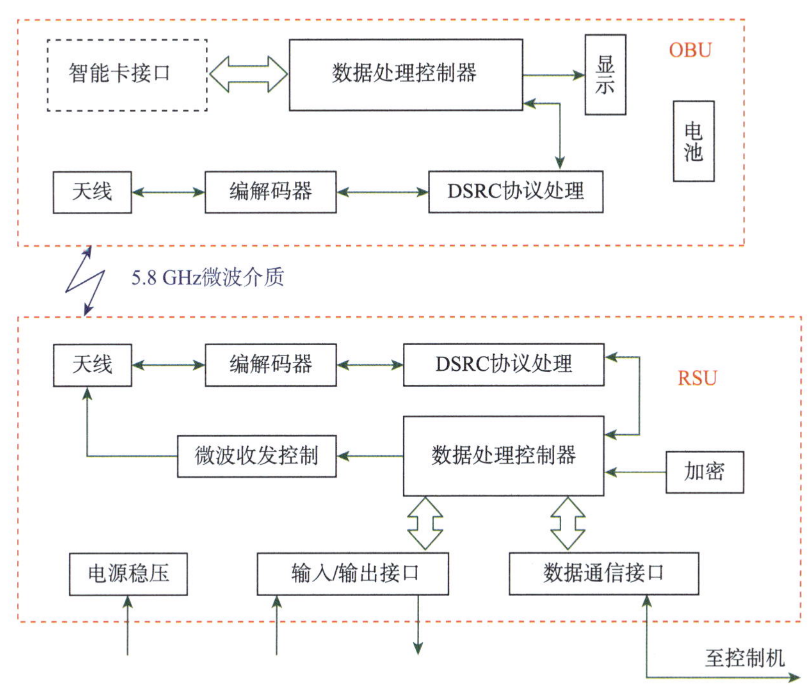

图 9-4 DSRC 的通信机制

（4）OBU 装调

ETC 系统中的 OBU 常被称为 ETC 电子标签，根据标签工作方式的不同，可将其分为单片式（只读式）和双片式（读写式）两种类型；根据应答方式的不同，可将其分为主动式和被动式两种类型。

单片式 OBU 仅有 OBU 本体，无 IC 卡，通过绑定的相关账户进行收费。此类 OBU 由一片存有车辆属性的集成电路芯片和一个小型微波发射机组成，数据只能一次性写入，不能更改。

双片式 OBU 工作时由插入设备的一张 IC 卡和 OBU 本体共同工作，如图 9-5 所示，支持 IC 卡读写。双片式 OBU 涉及电子支付的功能由 IC 卡实现，OBU 本体的作用是提供 IC 卡至 RSU 的信息转发功能，同时显示 IC 卡中的相关信息。双片式 OBU 目前还有无须插卡的新机型，体积较插卡式更小。

图 9-5 双片式 OBU

OBU 装调分为设备固定和设备激活两个步骤。

1）设备固定

将设备通过背胶粘贴在车辆的前风窗玻璃上方居中（后视镜附近）位置，如图 9-6 所示。OBU 的安装位置是由方位上便于与道路设施上的 RSU 进行通信，以及便于利用太阳能充电所决定的，安装时不得随意更改 OBU 的位置，否则存在影响信号接收效果或不能及时充电的问题。目前，一些具有大型中控屏的车型用户采用将 OBU 粘贴于中控屏背面的“隐藏式”安装方案，如图 9-7 所示，这也是较为合理的安装方案。

图 9-6　OBU 的安装位置

图 9-7　将 OBU 粘贴于中控屏背面

2）设备激活

根据产品手册激活设备，一般为快速插拔 IC 卡两次，设备显示屏上会出现激活成功的相关信息。

不同型号的 OBU 采用电池、车载电源等不同供电方式，采用电池供电的 OBU 一般可通过太阳能补电。OBU 可选配扬声器、蜂鸣器，用于对驾驶员进行声音提醒。OBU 进行人机交互的基本界面为 OBU 显示屏，会显示“交易正常”“交易失败”“电量低”等信息。

注意，OBU 因为与用户的账户资金安全直接相关联，因此具备防拆卸功能，一旦被拆卸，系统将启动保护机制，OBU 将无法正常工作。

（5）RSU 装调

ETC 系统中的 RSU 也被称为 ETC 微波天线，安装于 ETC 专用车道路侧立柱、倒 L 形支架、龙门架或墙壁上，如图 9-8 所示。

图 9-8　将 RSU 安装在倒 L 形支架上

RSU 安装后应满足交易区域至少在行车方向 3.2 m × 4.5 m 范围内可调。

RSU 一般采用正装的安装方式，将其安装在车道中央正上方，安装应稳定可靠，安装高度为 3.5 m 时一般能获得系统最佳性能。RSU 整体安装角度呈斜向下，以便与 OBU 进行通信连接。有时由于场地条件限制，RSU 会侧装在道路一侧，系统效果较正装时略差。

RSU 一般采用 220 V/50 Hz 交流电供电，通信接口为 RS232 / RS485、以太网。RSU 的外观如图 9-9 所示。

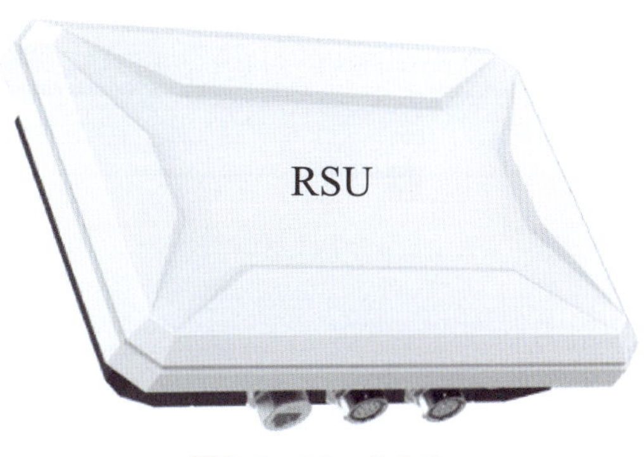

图 9-9　RSU 的外观

2. 技能操作

（1）操作准备

准备技能操作所需的物料，见表 9-1。

表 9-1　物料准备

类别	所需物料
教学整车 / 实训平台	车路协同系统实训台架
仪器、设备、工具	ETC 系统技术手册、OBU 技术手册、RSU 技术手册等

（2）OBU 装调

根据技术手册完成 OBU 的安装与调试，将工作过程记录在表 9-2 中。

表 9-2　工作记录表

序号	工作项目	工作内容	备注
1			
2			
3			
4			
5			
6			
7			
8			
9			
10			

（3）RSU 装调

根据技术手册完成 RSU 的安装与调试，将工作过程记录在表 9-3 中。

表 9-3　工作记录表

序号	工作项目	工作内容	备注
1			
2			
3			
4			
5			

续表

序号	工作项目	工作内容	备注
6			
7			
8			
9			
10			

二、ETC 系统测试

1. 知识学习

（1）高速公路 ETC 系统的工作流程

高速公路 ETC 系统的工作流程包括入口车道工作流程和出口车道工作流程两个部分。

1）入口车道工作流程

入口车道工作流程不涉及支付过程，但需要向 OBU 上的 IC 卡写入入口信息，入口车道工作流程如图 9–10 所示。

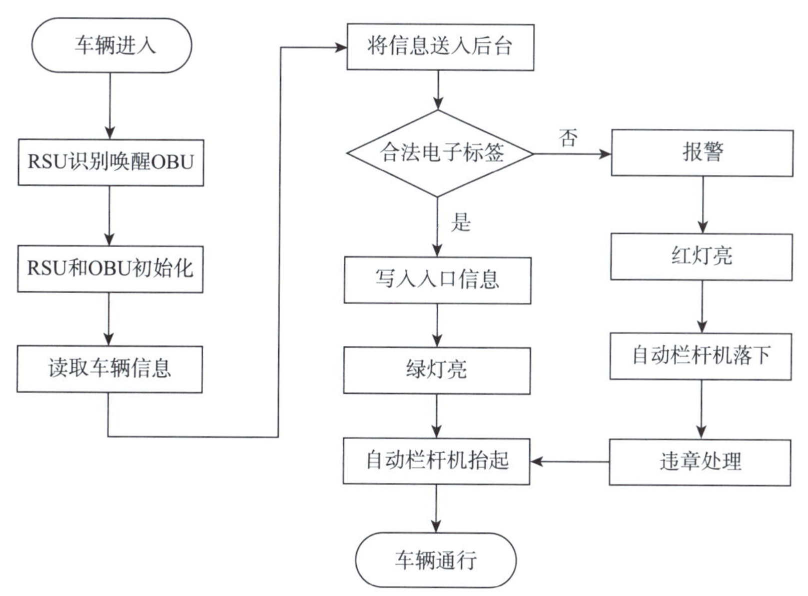

图 9–10 入口车道工作流程

车辆进入入口车道，OBU 进入 RSU 识别范围时，RSU 唤醒 OBU，RSU 和 OBU 进行初始化，RSU 读取 OBU 上的车辆信息，如汽车牌照号、车型等，并通过后台计算机系统验证电子标签的合法性。如果电子标签合法，则 RSU 向 OBU 发送车道入口信息，并写入 IC 卡中，信号灯放行（绿灯亮），自动栏杆机抬起，允许车辆通行；如果电子标签不合法，则信号灯报警不放行（红灯亮），自动栏杆机落下，进行违章处理。

2）出口车道工作流程

出口车道工作流程涉及支付过程，同时需要读入入口信息，出口车道工作流程如图 9-11 所示。

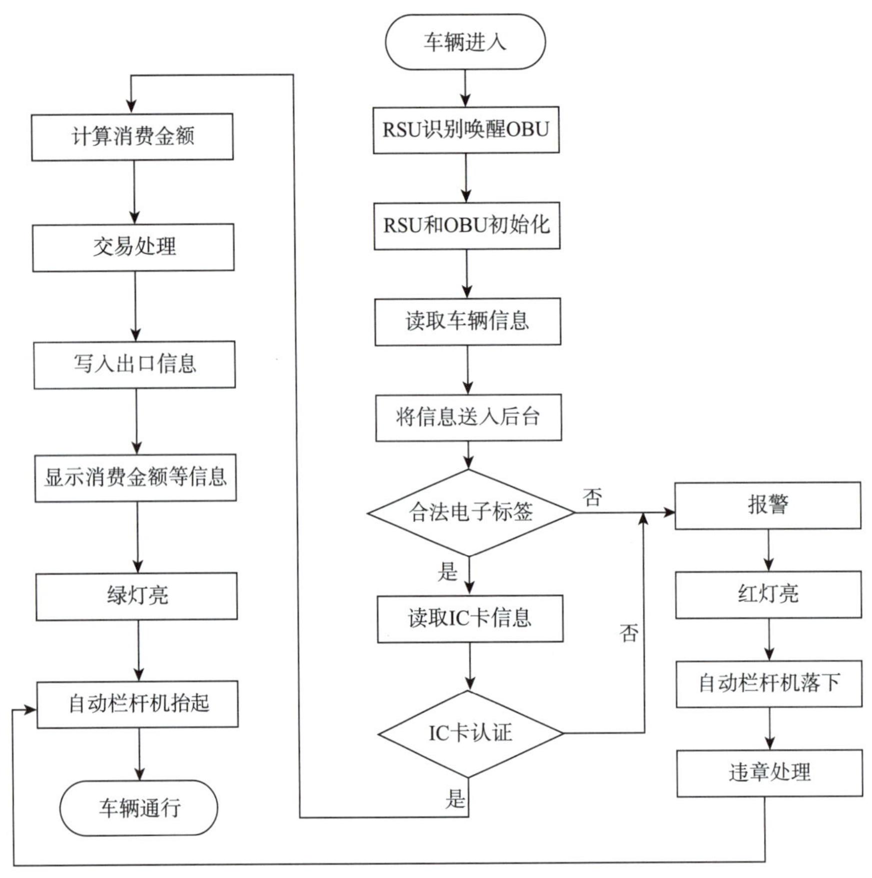

图 9-11　出口车道工作流程

车辆进入出口车道，RSU 识别唤醒 OBU，在进行初始化后，读取相应车辆信息，将其送入后台验证电子标签合法性。如果电子标签合法，则 RSU 读取 IC 卡信息和入口信息，完成 IC 卡的合法性认证，如果上述认证通过，则后台计算消费金额并将其发送给 RSU，RSU 向 OBU 发送消费指令扣除 IC 卡通行费用并写入出口信息，余额显示器上显示消费金额等信息，信号灯放行（绿灯亮），自动栏杆机抬起，允许车辆通行；如果电子标签不合法或 IC 卡认证不通过，则信号灯报警不放行（红灯亮），自动栏杆机落下，阻止恶意闯关，进行违章处理。

（2）ETC 系统功能测试

ETC 系统功能测试包括交易测试、异常情况处理测试、IC 卡余额判断测试三项。

1）交易测试

通过模拟 ETC 使用过程，测试系统收费功能是否正常。

① 使用单片式 OBU，通过 ETC 系统，查看扣费是否成功，扣费结果是否正确，ETC 交易流水记录

校验是否通过。

② 使用双片式 OBU，通过 ETC 系统，查看扣费是否成功，扣费结果是否正确，ETC 交易流水记录校验是否通过。

③ 分别在入口和出口处的 RSU 与车道控制系统之间，查看数据流项目是否与图 9–12 中蓝色箭头数据项目一致，并同时检查数据内容的正确性。查看车道控制系统界面是否能正常显示相关信息。

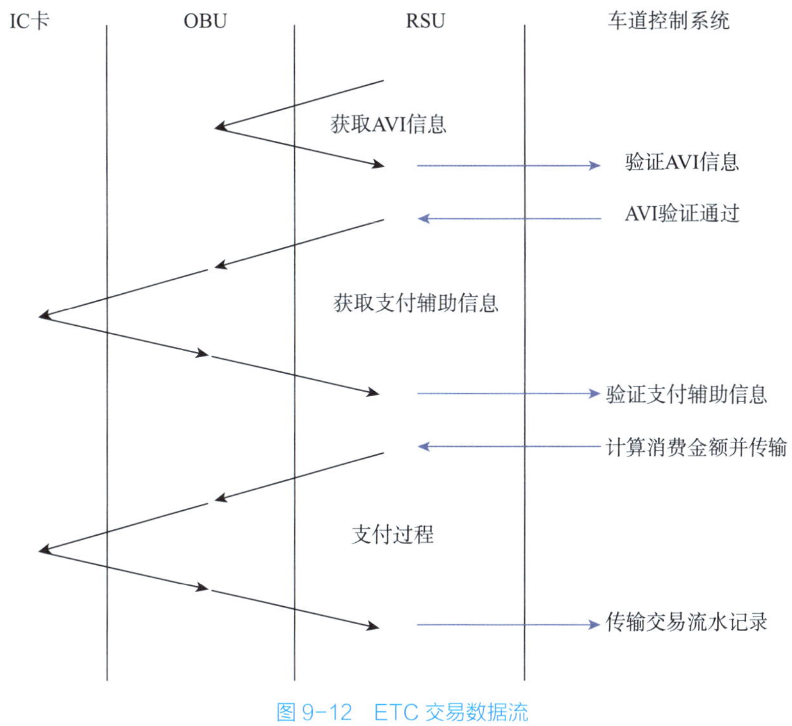

图 9–12　ETC 交易数据流

2）异常情况处理测试

模拟无 IC 卡、车辆在黑名单内、OBU 不可用三种异常情况，对系统处理异常情况能力进行测试。

① 查看 RSU 与车道控制系统之间数据流出现的情况是否与预期的异常情况的后果一致。

② 查看车道控制系统界面是否正常显示异常报警信息，如“无 IC 卡”。

3）IC 卡余额判断测试

模拟 IC 卡余额不足情况，对 IC 卡余额判断进行测试。

① 查看 RSU 与车道控制系统之间数据流出现的情况是否与预期的异常情况的后果一致。

② 查看车道控制系统界面是否显示 OBU 信息、IC 卡信息、车辆相关信息，是否弹出提示“该 IC 卡余额不足，不能进行交易”。

2. 技能操作

（1）操作准备

准备技能操作所需的物料，见表 9–4。

表 9-4　物料准备

类别	所需物料
教学整车 / 实训平台	车路协同系统实训台架
仪器、设备、工具	ETC 系统技术手册、OBU 技术手册、RSU 技术手册等

（2）ETC 系统测试

根据技术手册测试 ETC 系统，将工作过程记录在表 9-5 中。

表 9-5　工作记录表

序号	工作项目	工作内容	备注
1			
2			
3			
4			
5			
6			
7			
8			
9			
10			
11			
12			
13			
14			
15			
16			

检查评估

对本任务的学习情况进行检查，并将相关内容填写在表 9-6 中。

表 9-6　检查表

检查项目	检查结果	结果点评
ETC 系统装调		
是否能准确解说 ETC 系统的功能	是□　否□	
是否能完成 OBU 装调	是□　否□	
是否能完成 RSU 装调	是□　否□	
ETC 系统测试		
是否能完整解说高速公路 ETC 系统的工作过程	是□　否□	
是否能完成 ETC 系统交易测试	是□　否□	
是否能完成 ETC 系统异常情况处理测试	是□　否□	
整理及恢复		
工具、设备是否整理恢复	是□　否□	
实训工位是否打扫干净	是□　否□	
工作页是否填写完整	是□　否□	

任务小结

本任务小结如图 9-13 所示。

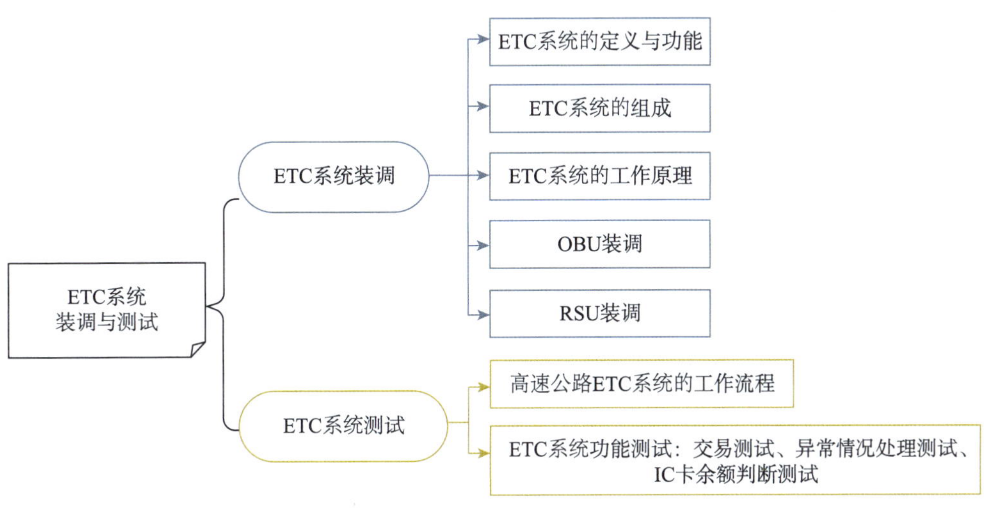

图 9-13　任务小结

任务十 绿波车速引导系统测试与设置

任务导入

场景： 某国产自主品牌汽车测试区。

人物： 装调技师宋师傅、实习技师小张。

情境： 在跟随宋师傅工作的这段时间，小张对车路协同系统有了深入的认识，车路协同系统可以使车辆更加“聪明”，道路也更加“友好”。根据任务要求宋师傅要指导小张针对试制样车进行绿波车速引导系统的测试与设置，这又是什么系统呢？现在请你随小张开始工作吧。

任务目标

- 能使用绿波车速引导系统技术手册，规范完成绿波车速引导系统功能测试工作。
- 能使用绿波车速引导系统技术手册，与他人合作规范完成绿波车速引导系统设置工作。

任务实施

一、绿波车速引导系统功能测试

1. 知识学习

（1）绿波车速的定义

车辆在公路上行驶时全程所途经路口的交通信号灯都是绿灯的情况被形象地比喻为“在绿色波浪上行驶”，车路协同系统应用中“绿波”的概念正来源于此。绿波又称绿波带或绿波协调控制，如图 10-1

所示，是指将交通干线上相邻交叉路口的信号灯连接起来进行统一协调和联动控制，根据相邻路口的协调方向设定绿灯启亮或终止的时间差，保证干线交通流以设定车速到达各路口时可减少红灯等待时间或直接绿灯通行。在绿波带上的车速即为绿波车速。

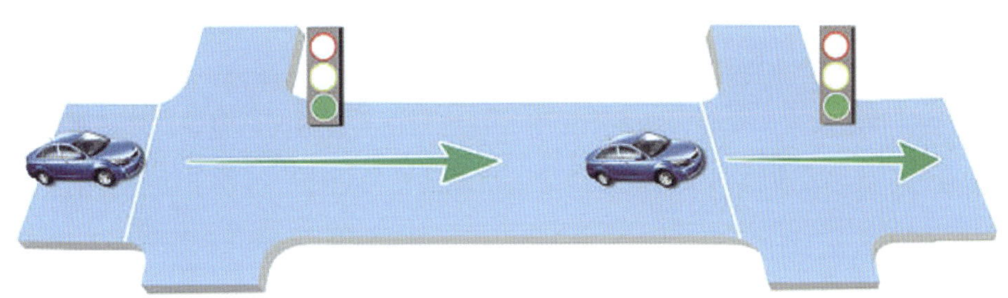

图 10-1　绿波概念示意图

（2）绿波车速引导系统的定义

绿波车速引导（green light optimal speed advisory，GLOSA）系统是一种新型的基于车路协同 V2I 技术的智能驾驶辅助系统，如图 10-2 所示，在车辆进入交叉路口前，系统根据实时的相位状态信息、车辆状态信息以及辅助信息（如道路限速、流量、排队等），通过一定的优化指标，计算最优建议车速并通过中控屏以图像和声音的方式对驾驶员进行提示，从而帮助车辆快速、舒适地通过交叉路口。

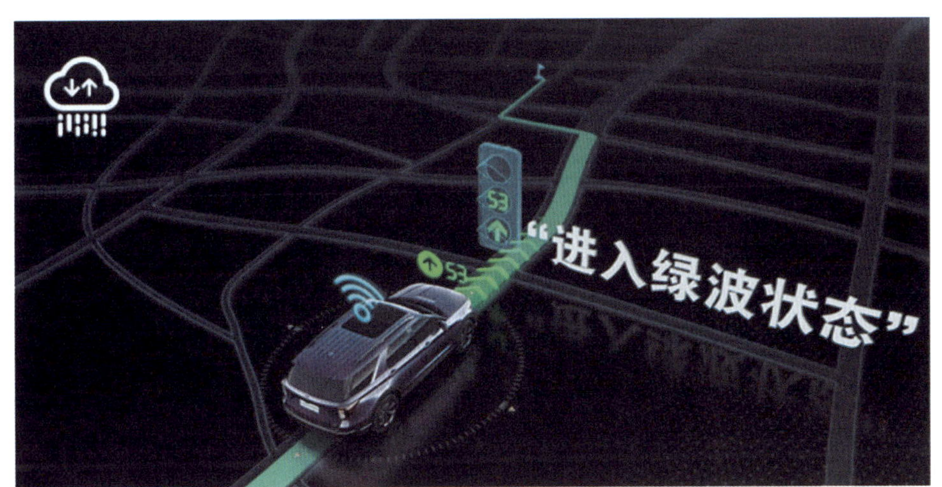

图 10-2　绿波车速引导系统示意图

绿波车速引导系统有以下作用。

1）帮助车辆节省能耗。

2）减少车辆启停次数，为驾乘人员提供更好的驾乘体验。

3）有效提升道路整体交通通行效率。

情境二

（3）工作过程

绿波车速引导系统作为一种主动交互式的车速引导系统，其工作过程如下。

1）当智能网联汽车行驶至接近交叉路口时，车辆上传车速、目的地和当前位置信息。

2）RSU 发送道路数据和信号灯状态数据。

3）绿波车速引导系统结合车辆位置、速度等状态信息，在不同路段区间通过计算给出最优的建议车速。

4）当车辆运行状态发生变化时，绿波车速引导系统根据实时情况调整绿波建议车速，帮助驾驶员快速、舒适地通过干线各交叉路口，提升干线绿波协调的整体效能，等效于动态优化干线绿波的通行带宽。

（4）系统的组成

绿波车速引导系统的组成如 10–3 所示。

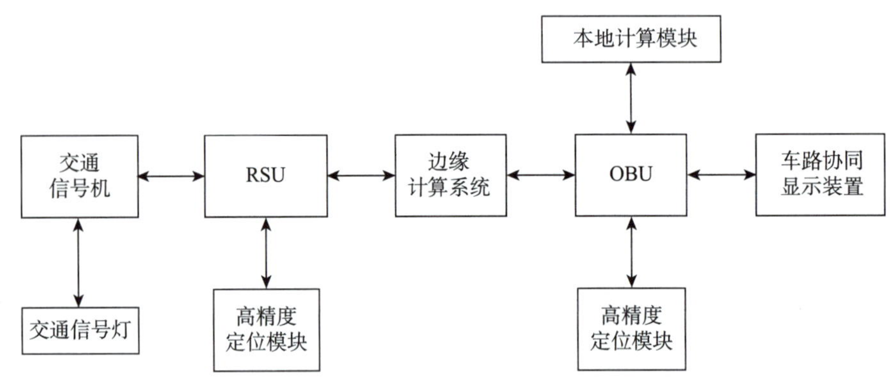

图 10–3　绿波车速引导系统的组成

（5）功能测试内容与方法

绿波车速引导系统功能测试包括操作界面功能测试、人机交互功能测试和功能效果测试三个项目。

操作界面功能测试：按照车辆操作手册要求，通过中控屏开启绿波车速引导系统。主要检查系统是否能正常开启，虚拟按键是否有交互感（动画效果），系统启动时长是否符合要求，开启提示音或语音是否清晰、音量是否适中。

人机交互功能测试：查看车辆数字组合仪表是否显示绿波车速引导系统界面，是否完整显示前方交通信号灯颜色、建议车速与动画效果（绿色箭头），如图 10–4 所示。

功能效果测试：查看系统是否能迅速为车辆提供建议车速，根据该车速车辆是否能实现绿灯畅行。在道路条件允许下，迅速改变车辆行驶速度，查看系统是否会给出新的建议车速，在该车速下车辆是否能实现绿灯畅行。查看车辆是否能够完成三个以上路口的绿灯畅行，全过程中车速建议是否合理、是否影响行车安全、是否在道路交通规定车速范围之内。

图 10-4　车辆数字组合仪表界面

2. 技能操作

（1）操作准备

准备技能操作所需的物料，见表 10-1。

表 10-1　物料准备

类别	所需物料
教学整车 / 实训平台	车路协同系统实训台架
仪器、设备、工具	绿波车速引导系统技术手册等

（2）绿波车速引导系统功能测试

根据技术手册测试车辆的绿波车速引导系统功能，将工作过程记录在表 10-2 中。

表 10-2　工作记录表

序号	工作项目	工作内容	备注
1			
2			
3			
4			
5			
6			
7			
8			
9			

情境二

续表

序号	工作项目	工作内容	备注
10			
11			
12			
13			
14			
15			
16			

二、绿波车速引导系统设置

1. 知识学习

（1）系统的工作原理

绿波车速引导系统的工作原理如图 10–5 所示，RSU 将交通信号灯相位数据发送至云端，云端根据车辆位置、目的地计算绿波建议车速，OBU 将绿波建议车速通过人机交互（HMI）界面告知驾驶员。

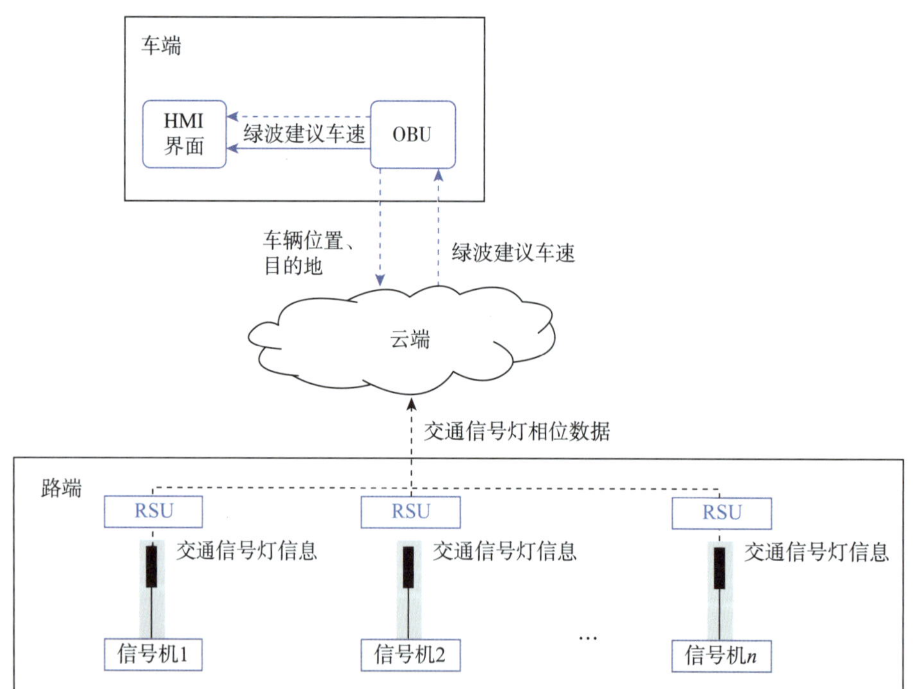

图 10–5　绿波车速引导系统的工作原理

（2）系统设置

绿波车速引导系统进行车速建议时所采用的算法为优化问题解算，输出的车速方案不是唯一的。根据优化条件，算法可分为单段车速引导和多段车速引导两种。

1）单段车速引导是指计算出车辆可快速驶离下游最近十字路口的最优车速引导区间。

2）多段车速引导是指根据车辆行驶路径计算出驶离下游连续十字路口的最优车速引导区间。

优化算法的限制（约束）条件为各路段的最高和最低限速。

在单段和多段车速引导不同条件的设置下，绿波车速引导系统算法分别会给出不同的车速建议。单段和多段车速引导的计算结果对比如图 10–6 所示，彩色图柱代表路口信号灯的状态，折线与建议车速相关，折线斜率大小对应建议车速大小，即斜率较大表示建议车速较低。由图可见，车速方案 T_1（单段车速引导计算结果）在三个路段上车速差异较大（快 – 慢 – 快），从驾乘感受的角度来说，该方案会造成驾驶员精神紧张、驾驶疲劳与乘坐人员不适。而车速方案 T_2（多段车速引导计算结果）在三个路段上车速接近，驾乘感受较好。

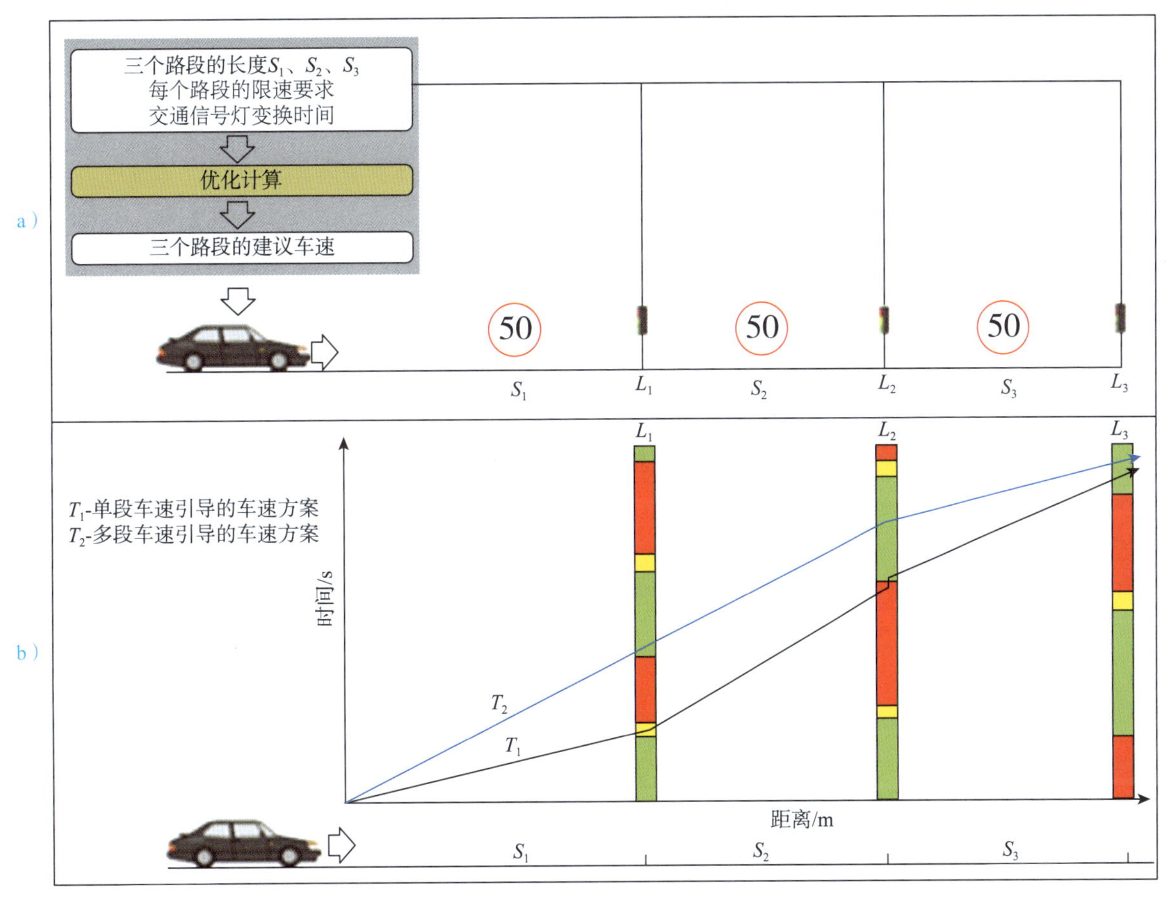

图 10–6　单段和多段车速引导的计算结果对比

多段车速引导需要更多和更准确的路端交通信号灯信息，对系统的性能要求高，另外，多段车速引导算法也较单段的复杂。因此，在实际工程应用中，不同车企会根据车路协同系统实际性能进行算法选择、有条件切换等系统设置。

2. 技能操作

（1）操作准备

准备技能操作所需的物料，见表 10–3。

表 10–3 物料准备

类别	所需物料
教学整车 / 实训平台	车路协同系统实训台架
仪器、设备、工具	绿波车速引导系统技术手册等

（2）绿波车速引导系统设置

根据技术手册对绿波车速引导系统进行设置，将工作过程记录在表 10–4 中。

表 10–4 工作记录表

序号	工作项目	工作内容	备注
1			
2			
3			
4			
5			
6			
7			
8			
9			
10			
11			
12			
13			
14			
15			
16			

检查评估

对本任务的学习情况进行检查，并将相关内容填写在表 10–5 中。

表 10–5　检查表

检查项目	检查结果	结果点评
绿波车速引导系统功能测试		
是否能准确讲解绿波车速引导系统的作用	是□　否□	
是否能规范完成系统人机交互功能测试	是□　否□	
是否能规范完成系统功能效果测试	是□　否□	
绿波车速引导系统设置		
是否能完整解说系统的工作原理	是□　否□	
是否能解释不同条件下的优化算法	是□　否□	
是否能对优化算法的计算结果进行评价	是□　否□	
整理及恢复		
工具、设备是否整理恢复	是□　否□	
实训工位是否打扫干净	是□　否□	
工作页是否填写完整	是□　否□	

任务小结

本任务小结如图 10–7 所示。

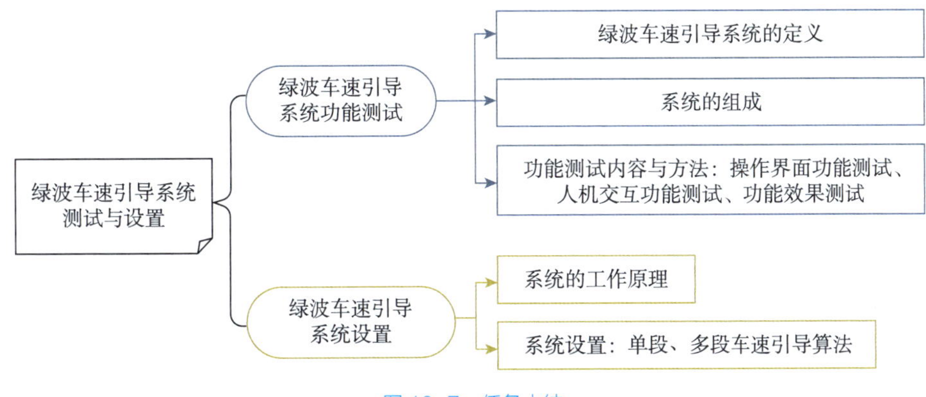

图 10–7　任务小结